In dieser Reihe sind
bisher erschienen:

Richtig Bergsteigen
Richtig Freiklettern
Richtig Golf
Richtig Segeln
Richtig Reiten
Richtig Tanzen 1
Richtig Stretching
Richtig Jonglieren
Richtig Skifahren
Deutsche Skischule
Richtig Rennradfahren
Richtig Wildwasserfahren
Richtig Yoga
Richtig Tennisspielen
Richtig Fußballspielen
Richtig Jogging
Richtig Schwimmen
Richtig Tauchen
Richtig Skilanglaufen
Richtig Muskeltraining

Manfred Grosser · Hans Ehlenz
Rainer Griebl · Elke Zimmermann

Richtig Muskeltraining

Grundlagen und Tainingsprogramme

BLV SPORTPRAXIS TOP

Die Deutsche Bibliothek –
CIP-Einheitsaufnahme

Richtig Muskeltraining:
Grundlagen und Trainingsprogramme /
Manfred Grosser . . . – 5., überarb. Aufl.,
Neuausg. – München; Wien; Zürich:
BLV, 1994
(BLV Sportpraxis Top)
ISBN 3-405-14519-8
NE: Grosser, Manfred

Bildnachweis:
Alle Fotos von Rainer Griebl außer
Stefan Feiler: S. 2/3, 6, 91
Umschlagfotos: ZEFA GmbH Düsseldorf
(Vorderseite)
Rainer Griebl (Rückseite)
Grafik: Felicitas Buttig, H.-Peter Philipps,
Peter Zipfel

BLV Verlagsgesellschaft mbH
München Wien Zürich
80797 München

BLV Sportpraxis Top

Fünfte, überarbeitete Auflage
(Neuausgabe)

Satz und Druck: Appl, Wemding
Bindung: Conzella, Urban Meister,
München

Gedruckt auf chlorfrei gebleichtem Papier

Printed in Germany · ISBN 3-405-14519-8

Zwei Weltmeister: Rainer Griebl (Power-Lifting), Thorsten Weidner (Fechten)

Zum Thema

Die Muskulatur ist im Körper jenes System, mit dem sich der Mensch bewegen kann. Ohne Muskulatur wäre keine Bewegung möglich. Bewegung aber erfordert Kraft, so daß es für den Menschen notwendig ist, seine Muskeln zu stärken. Mit einer gut ausgebildeten Muskulatur kann sich der Mensch nicht nur rationell, ökonomisch, geschickt, schnellkräftig und ausdauernd bewegen, er ist darüber hinaus auch allgemein gesünder, leistungsfähiger und hat eine ausgewogenere Figur. Warum? Bei einem richtigen Muskeltraining werden nicht nur »sichtbar« die Körperformen harmonischer ausgebildet, sondern gleichzeitig Körperfettanteile abgebaut und Herz-Kreislauf-, Stoffwechsel- und Nervensystemfunktionen entscheidend verbessert. Darüber hinaus entlastet ein gutes Muskelkorsett das Skelettsystem (speziell die Bandscheiben) und die inneren Organe. Für die meisten sportlichen Disziplinen im Freizeit- und Leistungssport ist die Muskelkraft eine der entscheidendsten Komponenten.

Im einzelnen sind die Ziele und die Bedeutung eines Muskel- bzw. Krafttrainings wie folgt umrissen:

- Muskeltraining führt zur Verbesserung der **Fitneß,** der **Gesundheit,** des **Wohlbefindens** und der **guten Figur,** d. h. zur allgemeinen »Körperstärkung« oder spezifischer, um z. B. bei Übergewicht eine Reduzierung des Körpergewichtes (Fettabbau u. ä.) durch Muskeltraining oder umgekehrt bei Untergewicht eine Steigerung des Körpergewichtes durch Muskelzuwachs zu erreichen.
  Eine besondere Bedeutung eines ausgewogenen Muskeltrainings (vgl. z. B. Programm S. 60 ff.) liegt darin, daß die damit verstärkte Muskulatur – insbesondere die Rücken- und Bauchmuskulatur – die Wirbelsäule und z. T. auch innere Organe günstig entlastet, so daß es z. B. nicht so

leicht zu den bekannten Bandscheibenschäden und Organbeschwerden kommen kann.

- Muskeltraining stellt eine **Rehabilitations- bzw. Regenerationsmaßnahme** zur schnellen bzw. vollständigen Wiederherstellung nach Verletzung oder Krankheit dar, so z. B. die Steigerung der Kraft einer bestimmten Muskelgruppe, eines Muskels oder Muskelsektors mit oder ohne Muskelzuwachs. Hier wird die Steigerung der Kraft durch Muskelzuwachs und lokale Muskelausdauer angestrebt.
- Muskeltraining zur Schaffung **komplexer Basiskraft,** zum Abbau spezifischer Schwächen im Schul-, Breiten-, Leistungs- und Hochleistungssport. Es bewirkt z. B. die Steigerung der Kraft bestimmter Muskelgruppen, eines Muskels oder Muskelsektors mit oder ohne Muskelzuwachs bzw. Körpergewichtszunahme.
- Muskeltraining als **differenzierte** und **spezifische Trainingsmaßnahme** zur Steigerung der Maximal-, Schnell- und Reaktivkraft sowie Kraftausdauer im Leistungs- und Hochleistungssport aller Disziplinen und Sportarten, mit den besonderen Zielstellungen:
  - Steigerung der Kraft ohne Muskelzuwachs bzw. Körpergewichtszunahme bei Sportarten mit Gewichtsklasseneinteilung wie Boxen, Gewichtheben, Judo und Ringen; außerdem bei vielen »Schnell- und Ausdauerkraftdisziplinen«;
  - Steigerung der Kraft mit Muskelzuwachs bzw. Körpergewichtszunahme bei Sportarten bzw. Disziplinen, in denen ein hohes Körpergewicht keine wesentliche Rolle spielt oder aus Gründen der Chancengleichheit sogar erforderlich ist, z. B. beim Diskuswerfen, Hammerwerfen, Kugelstoßen und den Superschwer- oder Offenen Klassen im Boxen, Gewichtheben, Judo und Ringen.
- Muskeltraining mit der Zielsetzung der gesteigerten **Muskelfaserquerschnittvergrößerung,** d. h. der bewußten Veränderung von Körperproportionen wie es im Bodybuilding der Fall ist.

Zum Buch

Um ein Krafttraining trotz dieser vielfältigen und unterschiedlichen Ziele effektiv und erfolgreich gestalten zu können, bedarf es der richtigen Anwendung der Trainingsarten, Trainingsmethoden, Trainingsmittel sowie spezifischer Trainingsprinzipien. Dies setzt aber z. T. Kenntnisse der Trainingslehre voraus, die nicht von jedem Freizeit-, Fitneß- oder Leistungssportler zu erwarten sind und somit erst der Vermittlung bedürfen.

In dem vorliegenden Taschenbuch wird deshalb versucht, Theorie, Methodik und Praxis eines Muskeltrainings in knapper, anschaulicher und verständlicher Form darzustellen, um somit folgende Interessenten anzusprechen:

- Trainer, Übungsleiter, Dozenten, Sportlehrer und Ärzte;
- Studenten und Kollegiaten;
- Leistungs- und Hochleistungssportler aller Disziplinen;
- Bodybuilder;
- Rehabilitanden;
- Fitneß- und Gesundheitssportler;
- jene, die auf der »Suche« nach einer guten Figur sind.

Das Buch ist so aufgebaut, daß

- zunächst einige für das praktische Verständnis wichtige **theoretische Bereiche** angesprochen werden (vgl. S. 10 bis 25);
- anschließend die für die Trainingsdurchführung notwendigen **methodischen Kenntnisse** vermittelt werden (vgl. S. 26 bis 42);
- außerdem einige Hinweise zur **Trainingsausrüstung** aufgezeigt werden (vgl. S. 43 bis 45) und
- **Trainingsprogramme** für Gesundheit, gute Figur, für ein Basistraining, für Kinder und Jugendliche und für den Freizeit- und Leistungssport vorgeschlagen werden (vgl. S. 46 bis 118);
- abgerundet wird das Buch mit Hinweisen auf **Prinzipien des Bodybuildings** (vgl. S. 119 bis 126).

Zur Handhabung des Buches
Die drei Kapitel »Trainingstheorie«, »Trainingsmethodik« und »Trainingsprogramme« stellen die Hauptinhalte dar.

- Wenn Sie nur an einem **Programm** interessiert sind, genügt es, sich im Kapitel »Trainingsprogramme« das Gewünschte herauszusuchen. Sie sollten hierzu aber auch die Abschnitte »Programmübersicht und Programmerklärung« (S. 46 bis 48) lesen. Den Programmen selbst ist jeweils eine kurze Charakteristik und Themenbeschreibung des Zielbereiches (Anwendungsbereiches) vorgeschaltet.
- Beabsichtigen Sie, sich ein **eigenes Programm** – eventuell in Anlehnung an eines der von uns vorgeschlagenen – zu erstellen, empfehlen wir Ihnen, zusätzlich das Kapitel »Trainingsmethodik« zu lesen.
- Sind Sie darüber hinaus an strukturellen und funktionellen **Gegebenheiten des Muskels** und an biologischen **Anpassungsmechanismen** beim Krafttraining interessiert, lesen Sie diese im Kapitel »Trainingstheorie« nach.

Des weiteren empfehlen wir dem an Kraft und Krafttraining stärker interessierten Leser zur Vertiefung die BLV-Bücher »Krafttraining« von Ehlenz/Grosser/Zimmermann und »Konditionstraining« von Grosser/Starischka/Zimmermann/Zintl.

Trainingstheorie

Was ist Muskelkraft?

Kraft im Sport ist neben Schnelligkeit, Ausdauer und Flexibilität eine sogenannte motorisch-konditionelle Fähigkeit.

Zwei Definitionsansätze

1. Kraft im physikalischen Sinne kennzeichnet die Bewegungsänderung eines Körpers, d. h.:
   - Wirkt keine Kraft auf einen Körper, so verharrt er im Zustand der Ruhe oder der gleichförmigen Bewegung (→1. NEWTONsche Gesetz).
   - Die einen Körper beschleunigende Kraft ist gleich dem Produkt aus der Masse und der Beschleunigung dieses Körpers (→2. NEWTONsche Gesetz)

     $\vec{F} = m \cdot \vec{a}; [F] = N; 1\,N = kg \cdot \frac{m}{s^2}.$
   - Kräfte treten immer paarweise als Wechselwirkungskräfte auf, d. h. eine einwirkende Kraft löst eine gleiche und entsprechend entgegengesetzte Kraft aus (actio = reactio) (→3. NEWTONsche Gesetz).
2. Kraft im biologischen Sinne ist die Fähigkeit, durch Muskeltätigkeit Widerstände zu überwinden (konzentrische Kontraktion), ihnen entgegenzuwirken (exzentrische Kontraktion) bzw. sie zu halten (isometrische Kontraktion). Die motorische Kraft tritt in vier nicht gleichrangigen Erscheinungsformen auf: die Maximalkraft, die Schnellkraft, die Reaktivkraft und die Kraftausdauer. Diesen vier Kraftformen liegen verschiedene Muskelausbildungen zugrunde (s. Abb. unten und Text S. 11 bis 12).

Biologische Bedingungen und allgemeine Erscheinungsformen (Basiskräfte) der Kraft

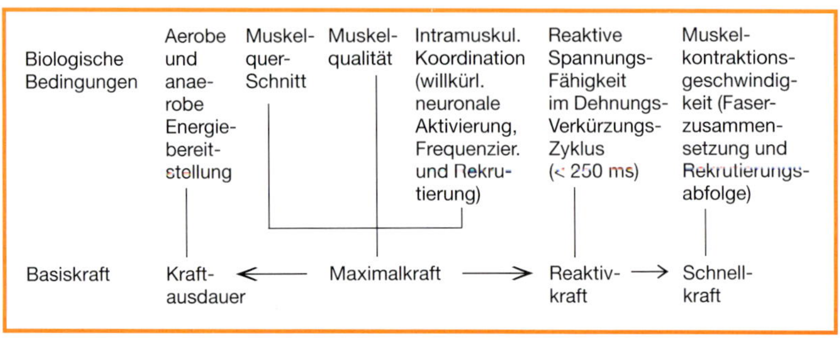

Muskelarbeitsweisen		Kontraktionsformen
Dynamisch	in Reinform (selten): überwindend meist: haltend-überwindend oder: haltend-nachgebend	in Reinform (selten): isotonisch auxotonisch-konzentrisch auxotonisch-exzentrisch
Statisch	in Reinform: haltend meist aber: haltend-bewegend	isometrisch auxotonisch (isometrisch-konzentrisch, isometrisch-exzentrisch)

Arbeitsweisen und Kontraktionsformen der Muskulatur

Maximalkraft ist die höchstmögliche Kraft, die ein Mensch willentlich entwickeln kann. Sie setzt sich zusammen aus

- einem individuell optimalen Muskelfaserquerschnitt (wird erreicht durch ein Muskelaufbautraining) und
- einer höchstausgeprägten intramuskulären Koordination (IK) (= synchrone Aktivierung vorhandener motorischer Einheiten; näheres s. S. 23 bis 24).

Eine individuell optimale Maximalkraft ist Voraussetzung für alle Schnellkraftsportarten sowie z. T. auch für Kraftausdauersportarten und das Bodybuilding.

Schnellkraft ist die in kürzestmöglicher Zeit wirkende Kraft (Kraftanstieg pro Zeiteinheit). Sie ist abhängig u. a. von der Maximalkraft, der Kontraktionsgeschwindigkeit der Muskulatur und dem Muskelzusammenspiel (intermuskuläre Koordination = Technik).

Reaktivkraft ist die exzentrisch-konzentrische Schnellkraft bei kürzester Kopplung (< 200 msec) beider Kontraktionsformen, also in einem **Dehnungs-Verkürzungs-Zyklus** (z. B. Nieder-Hochsprung: erst kurze Muskeldehnung, dann Muskelzusammenziehung; vgl. S. 34 f.; näheres s. GROSSER et al.: Konditionstraining. BLV Sportwissen. München 1993).

Kraftausdauer ist die Widerstandsfähigkeit gegen die Ermüdung von langanhaltenden oder sich wiederholenden äußeren und inneren hohen Belastungen. Sie ist abhängig von der Maximalkraft (= Maximalkraftausdauer) und der Ausdauer (aerobe und anaerobe Energiebereitstellung).
Die Muskelkraft wird infolge verschieden auftretender bzw. einwirkender Widerstände und Bewegungsaufgaben von der Muskulatur durch zwei physikalisch-physiologisch unterschiedliche Arbeitswei-

a
Statische Muskelarbeitsweise (isometrische Kontraktionsform)

b
Dynamisch-überwindende Muskelarbeitsweise (auxotonisch-konzentrische Kontraktionsform)

c
Dynamisch-nachgebende Muskelarbeitsweise (auxotonisch-exzentrische Kontraktionsform)

Bewegungen mit dynamischer und statischer Arbeitsweise der Muskulatur

sen realisiert, denen jeweils spezifische Muskelkontraktionsformen zugrunde liegen (s. Tab. S. 11 und Abb. S. 12).
Die meisten sportlichen Bewegungen erfordern Kontraktions-Mischformen (mit vorwiegend auxotonischer Kontraktion, d. h. sowohl Längen- als auch Spannungsveränderungen des Muskels), die eben schwerpunktmäßig dynamisch (= schnell-bewegend) oder statisch (= haltend) sind.

Zur Krafthöhe der eingesetzten Muskelkontraktionen
Die Höhe der entwickelten Kraft liegt bei dynamischen Arbeitsweisen niedriger als bei statischen. Dabei kommt durch konzentrische Kontraktionen geringere Kraft zustande als durch exzentrische.

Welche Ziele und welche Kraft streben wir durch Muskeltraining an?

Wie bereits erwähnt (s. S. 7, 8), verfolgen wir mit Muskeltraining verschiedene Ziele.

> Die *Ansteuerung aller Trainingsziele* geschieht stets über die sog. Basisausprägung des Muskelquerschnitts – im folgenden sprechen wir in diesem Zusammenhang von Muskelaufbau (-training) (vgl. Abb. rechts).

- Für den **Fitneß-, Gesundheits- und Rehabilitationsbereich** ist der *Muskelaufbau* die vorwiegende Trainingsmaßnahme.

- Für den **Kraftausdauerbereich** sind zwei Wege möglich: Entweder über die Maximalkraft, d. h. also zunächst Muskelaufbau, dann intramuskuläre Koordination (IK) oder/und über die verstärkte lokale Muskelausdauer (aerobe Energiebereitstellung).
- Die **Schnellkraft** wird über die Maximalkraft angesteuert, und zwar in der Reihenfolge: Zuerst Muskelaufbau bis zu einem relativen Optimum, dann IK-Training und anschließend gesondertes Training zur Verbesserung der **Muskelkontraktionsgeschwindigkeit** (= Schnellkraft) bzw. zur **reaktiven Spannungsfähigkeit** (= Reaktivkraft). Das spezifische Schnellkrafttraining kann auch bereits parallel zur Maximalkraftentwicklung durchgeführt werden.
- Das **Bodybuilding** erfordert eine außergewöhnliche Muskelfaserquerschnittvergrößerung, die zunächst in den ersten 3 bis 4 Jahren mit einem normalen Muskelaufbautraining erreicht und anschließend mit speziellen Trainingsmethoden zur Muskelfaserquerschnittvergrößerung weiter entwickelt wird.
- Alle angesteuerten Kraftbereiche erfordern auch ein **Ergänzungstraining** in den Bereichen
  - der *Grundlagenausdauer* (physiologisch gesehen ist dies

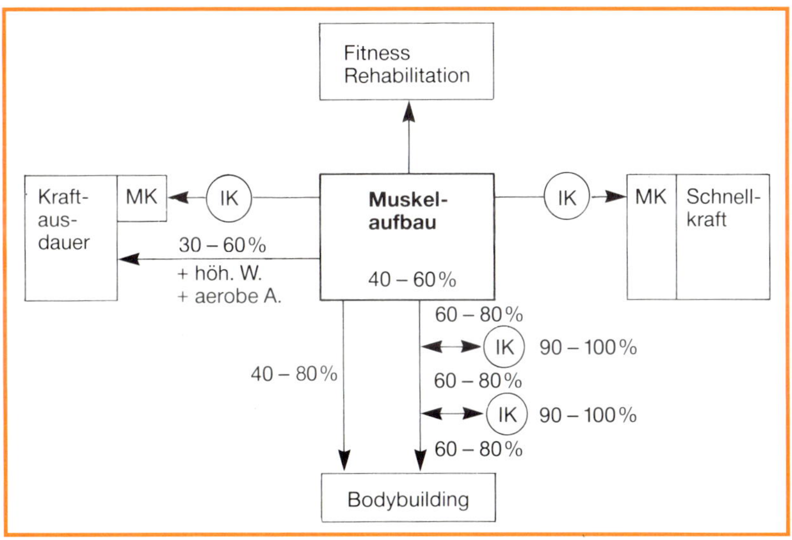

Ansteuerung von Trainingszielen und Kraftformen

Anmerkung: Erklärende Beschreibung siehe im Text und Kapitel »Trainingsmethodik«.

die aerobe Energiebereitstellung) und
- der Flexibilität bzw. *Dehnfähigkeit der Muskulatur* (physiologisch gesehen betrifft dies die positive neuromuskuläre Abstimmung von Erregungs- und Hemmungsprozessen in den Muskeln).

Training und Muskelanpassungen

> Unter *Training* verstehen wir allgemein alle Maßnahmen zur Leistungssteigerung.
> *Muskeltraining* ist eine spezifische Form und bedeutet das gezielte systematische Setzen überschwelliger Reize (= Trainingsübungen) mit dem Ziel von Anpassungserscheinungen im Skelettmuskel.

Aufgrund von unterschiedlichen Trainingsbelastungen paßt sich der menschliche Muskel auch entsprechend unterschiedlich an, und zwar:

- Bei Belastungen unter 40 % Intensität der momentanen maximalen Kraftfähigkeit und sehr vielen Wiederholungen erfährt der Muskel eine Verbesserung in den *lokalen aeroben Ausdauer-Bedingungen* (z. B. beim Laufen in der Beinmuskulatur).
- Bei Intensitäten zwischen 40 und 60 % und Übungs-Wiederholungen von 15 bis 8 pro Satz (näheres s. Kapitel »Trainingsmethodik«), kommt es zu *Muskelfaserquerschnittvergrößerungen* (= Muskelaufbautraining).
- Bei Intensitäten zwischen 60 bis 80 % und Übungswiederholungen von 10/8 bis 6/4 pro Satz (auf der Basis eines Muskelaufbautrainings im Bereiche 40 bis 60 % Intensität) bildet sich die *Muskelfaserquerschnittvergrößerung* noch stärker heraus.
- Bei submaximalen und maximalen Intnsitäten von ca. 80 bis 95 % erreichen wir eine Verbesserung der *intramuskulären Koordination;* das bedeutet eine gesteigerte synchrone Aktivierung der motorischen Einheiten (s. S. 23).

> Im wesentlichen streben wir mit Muskeltraining zwei grundlegende Anpassungserscheinungen an:
> 1. eine Muskelfaserquerschnittvergrößerung und
> 2. eine Verbesserung der intramuskulären Koordination.

Diesen beiden Richtungen liegen verschiedenartige Muskelmechanismen zugrunde, die für den interessierten Leser im folgenden dargestellt werden.

Der Bizeps von Arnold Schwarzenegger (aus: SCHWARZENEGGER: Bodybuilding für Männer. Heyne-Verlag München 1983, 252)

Mechanismen der Muskeltätigkeit

Betrachten wir den riesigen Bizeps von Arnold Schwarzenegger (Umfang 56 cm!), so fragt man sich unwillkürlich: Wie ist das möglich?
Die folgenden Ausführungen zum Muskel und seinen Mechanismen beziehen sich nicht allein auf das Schwarzenegger-Beispiel, sondern zunächst allgemein auf die Struktur und die Wirkungsweise der Muskulatur (s. S. 15 bis 22), dann speziell auf die Muskelfaserquerschnittvergrößerung (s. S. 22) und auch auf die intramuskuläre Koordinationsverbesserung (s. S. 23 bis 24).

Der Muskel

Ein Muskel besteht aus vielen Faserbündeln, diese aus Fasern, diese wiederum aus sogenannten Myofibrillen und diese schließlich aus sogenannten Sarkomeren (vgl. Abb. S. 16). Letztere sind ca. 2/1000 mm lang.
Der menschliche Bizepsmuskel baut sich aus etwa 10 Milliarden Sarkomeren auf. Die makromolekularen Einheiten des Sarkomers bilden die dicken und dünnen Filamente; sie bestehen aus Eiweiße (Proteine: Actin, Myosin, Troponin und Tropomyosin).
Die Muskelkontraktion selbst kommt durch eine Brückenbildung zwi-

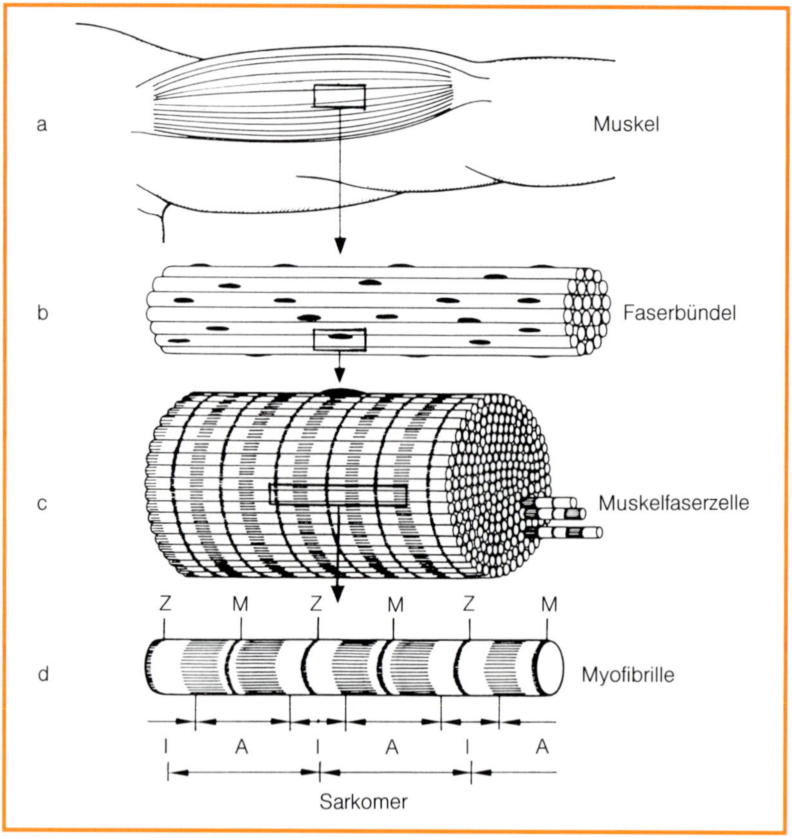

Histologischer Aufbau eines quergestreiften Muskels. Der *Musculus biceps* des Oberarmes (a) enthält eine große Anzahl von Faserbündeln (b), welche sich wiederum aus vielen Muskelfaserzellen (c) zusammensetzen. Jede Muskelfaserzelle ist angefüllt mit Myofibrillen (d), die vom Sarkoplasma umspült werden. Die kleinste Organisationseinheit ist das Sarkomer. M = M-Linie; Z = Z-Linie; A = Anisotrope Bande; I = Isotrope Bande. (Aus: AFTING 1981, siehe Literatur S. 127.)

schen Eiweißmolekülen (Myosin und Aktin) aufgrund der Freisetzung von Kalziumionen und der Spaltung des in der Muskelzelle vorhandenen Energiedepots ATP (Adenosintriphosphat) zustande. (Hierbei lagern sich die Myosinköpfe an das F-Actin der dünnen Filamente an, klappen um, und die Filamente gleiten ineinander.)

Das ATP ist auch dafür verantwortlich, daß die Brückenbildung wieder aufgehoben wird, der Muskel sich wieder entspannt. Wenn also in einem Muskel die ATP-Konzentration nach Drosselung der Energiezufuhr absinkt (z. B. im stark ermüdeten Zustand), so kann sich der Muskel nicht erschlaffen, er bleibt »hart« (z. B. im Extremfall beim Muskelkrampf oder nach dem Tode). Das ATP hat folglich einmal die Aufgabe der Energielieferung und einmal die eines »Weichmachers«.
Der Vorgang der Muskelkontraktion geht zunächst von einer zentralnervösen Erregung über die sog. Neurone bzw. Motoneurone aus und führt in die motorische Endplatte und von hier aus in die Muskelfasern. Morphologisch nennt man diese angesprochenen Teile (bis zur motorischen Endplatte) eine *motorische Einheit* (vgl. Abb. rechts).
Jeder Muskel kann sich nach einem nervösen Reiz um ein Drittel seiner ursprünglichen Länge verkürzen.
Bei dem oben angesprochenen Prozeß der Brückenbildung bewegen sich die dünnen und dicken Filamente 10 mm aneinander vorbei, d. h., um den Muskel z. B. um 1 cm zu verkürzen, müssen an einer Myofibrille eine Million Bewegungszyklen der Brückenbildung und Entschlaffung ablaufen.
Die Kraftentfaltung ist um so größer, je mehr Myofibrillen gleichzeitig in die Aktion einbezogen werden können.

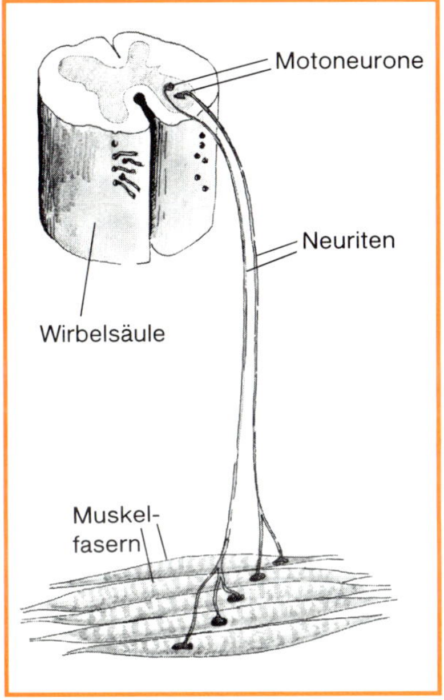

Darstellung zweier motorischer Einheiten

Im Muskel herrscht stets ein sog. *Ruhepotential,* das ist ein elektrischer Vorgang an der Zellmembran, also zwischen dem Innern der Zelle und der Umgebung, und zwar zwischen negativ und positiv geladenen Atomen, sog. Ionen. Gelangt nun eine Erregung an die Zellmembran der Muskelzelle, so kommt es zu einer sog. Depolarisation bzw. einer Änderung des Membranpotentials.
Den zeitlichen Ablauf dieser Änderung nennt man *Aktionspotential.*
Solche Erregungen werden beispielsweise durch Kraftübungen ausgelöst, wobei der eigentliche Erregungsprozeß, wie bereits erwähnt, vom ZNS aus über die

Motoneurone und deren Nervenbahnen (Neuriten) zu den Muskelfasern verläuft.
Die Zeitspanne, die zwischen dem Setzen des überschwelligen Reizes und der Muskelkontraktion vergeht, heißt *Latenzzeit,* sie dauert ca. 0.004 bis 0.01 Sek. Wärme verkürzt sie, Kälte verlängert sie (Aufwärmeffekt!).

Wann arbeitet der Muskel mit maximaler Kraft?

Erreicht der Erregungsreiz einen bestimmten Schwellenwert, bedeutet dies für die einzelne Muskelfaser bereits einen maximalen Reiz. Die Kontraktionskraft der Einzelfaser läßt sich also durch Verstärkung des Reizes über den Schwellenwert nicht steigern. Gleiches gilt auch für die motorische Einheit (sie folgen dem »Alles-oder-Nichts-Gesetz«).
Nun ergibt sich durch anhaltende oder wiederholte Nervenimpulse eine Kontraktionswelle, die mit einer Geschwindigkeit von 10 bis 15 m/s über die Faser hinwegläuft. Erhöhte Muskeltemperatur erhöht diese Geschwindigkeit. Trifft ein erneuter Reiz dieselbe Faser in der Latenzzeit, »so kommt er infolge der momentanen Unerregbarkeit nicht zur Wirkung. Die Zeitspanne, in der auf nervalem Wege keine Kontraktion ausgelöst werden kann, bezeichnet man als *Refraktärzeit.* Laufen mehrere Kontraktionswellen gleichzeitig über den Muskel ab« – und das ist ja bei Kraftübungen der Fall –, »kommt es infolge der Summierung zu einer verstärkten Verkürzung« (HOLLMANN/HETTINGER 1980, 179).
Der gesamte Muskel reagiert also nicht wie die Einzelfaser, sondern hier werden mit steigender Reizstärke – in der Praxis: höhere oder wiederholte Reizsetzung – immer mehr Einzelfasern erfaßt, bis schließlich die Erregung nahezu alle Fasern betroffen hat und es zur maximalen Kontraktion des Gesamtmuskels kommt.
Von den in einem Muskel vorhandenen Fasern können willkürlich in der Regel nur 45 bis 85 % gleichzeitig innerviert werden. Ein höherer Prozentsatz ist unwillkürlich jedoch über einen Eigenreflex, über besondere Motivationslagen, über Hypnose und Elektrostimulation möglich. Für höhere willkürliche Innervationen ist ein intensives jahrelanges Training notwendig.
Es besteht auch die Möglichkeit einer Abstufung der Muskelkontraktion bei Belastungen; sie kommt durch den Einsatz einer wechselnden Zahl von motorischen Einheiten zustande. Außerdem wird ein langes Aufrechterhalten einer statischen Muskelbeanspruchung oder wiederholter hoher dynamischer Anspannungen durch wechselweise Erregung verschiedener motorischer Einheiten möglich.
»Für die Abstufbarkeit der Muskelkraft ist die Fähigkeit zur asynchro-

nen Kontraktion unter Beteiligung einer beschränkten Anzahl von Muskelfasern entscheidend. Im Zuge eines Krafttrainings gelingt es, immer mehr Muskelfasern beim Einsatz der »maximalen« Kraft heranzuziehen. Ferner resultiert intramuskulär eine Ökonomisierung, indem für eine gegebene submaximale Leistung nur eine solche Anzahl von motorischen Einheiten beansprucht wird, wie sie für die betreffende Aufgabe optimal ist. Der trainierte Muskel erbringt somit eine gleiche submaximale Muskelkraft mit der Innervation einer geringeren Anzahl motorischer Einheiten« (HOLLMANN/HETTINGER 1980, 189 bis 190).
Es erwächst somit eine Reservekapazität.
Wird die Ermüdung einzelner **motorischer Einheiten** zu groß, so übernehmen ihre Funktion andere, falls Art, Umfang und Intensität der Arbeit diese Kompensation gestatten. Andernfalls muß im Laufe zunehmender Ermüdung die Impulsfrequenz wachsen, und damit wird es erst möglich, daß

1. eine große Zahl (eventuell 95 %) motorischer Einheiten synchron aktiviert wird (auslösende Faktoren sind auch Angst, Hypnose, intramuskuläres Training), und
2. bei entsprechend trainierten Sportlern 5 bis 8 Wiederholungen mit 85 % der momentan geringeren Maximalkraft über mehrere Sätze hinweg realisiert werden können.

In der Muskulatur des Menschen befinden sich **verschiedenartige Fasern,** und zwar sogenannte

- »weiße«, dicke, schnellzuckende (FT-Fasern) (für Schnellkraft),
- »rote«, dünne, langsame (ST-Fasern) (für Ausdauer- und Halteleistungen) und
- gemischte (intermediäre).

Die unterschiedliche Anzahl der Faserverteilungen im Muskel ist anlagebedingt und kann durch Training wenig beeinflußt werden.
Nach dem heutigen Wissensstand ist eine Annäherung der FT-Fasern an die intermediären und ST-Fasern möglich.

Wann werden rote, wann werden weiße Muskelfasern erregt?

Beispiel 1:
Bei einer mit geringem Widerstand von ca. 20 % beginnenden muskulären Beanspruchung ohne besondere Geschwindigkeit werden diese Beanspruchungen von motorischen Einheiten mit niedriger Reizschwelle getragen, sie innervieren vorwiegend die langsamen, **roten Muskelfasern** (ca. 5 bis 15 Hz, d. h. 5 bis 15 Impulse pro Sekunde).
»Erneuert sich nach einer Pause der qualitativ und quantitativ identische Kraftaufwand, so werden erneut dieselben motorischen Einheiten aktiv. Nimmt nun der Kraftaufwand zu, steigern die betreffenden Moto-

neurone ihre Entladungsfrequenz bis zu einem Maximum von ca. 25 Hz. Dann werden neue motorische Einheiten eingesetzt, die mit einer höheren Frequenz (z. B. 30 Hz) starten und maximal etwa 65 Hz erreichen. Ein schließlich bis zur maximalen statischen Kraft gesteigerter Krafteinsatz läßt immer neue motorische Einheiten hinzutreten« (HOLLMANN/HETTINGER 1980, 180 bis 181).

Beispiel 2:
Bei einer Beanspruchung mit geringem Widerstand, jedoch sehr hoher Geschwindigkeit kann der Krafteinsatz allein nur durch den Einsatz der **weißen Muskelfasern** gewährleistet werden. Voraussetzung ist jedoch, daß von vornherein die Impulsfrequenz hoch ist (das bedeutet z. B. hohe Konzentration). Nimmt nun der Widerstand zu, können die betreffenden Motoneurone ihre Entladungsfrequenz nicht mehr steigern. Um jedoch ein erhöhtes Kraftniveau zu erreichen, müssen weitere motorische Einheiten zugeschaltet werden, die jedoch eine geringere Kontraktionsgeschwindigkeit haben (es sind intermediäre und rote Fasern) und dadurch die Gesamtgeschwindigkeit der Bewegung verringern.

Beispiel 3:
Bei explosiven Krafteinsätzen (z. B. Sprung) werden vorwiegend **weiße Fasern** innerviert, wobei je nach benötigtem Kraftniveau auf den Einsatz weiterer nicht weißer Fasern nicht verzichtet werden kann. Gut Trainierte schaffen es hierbei, diese letzteren mit einer hohen Impulsfrequenz anzusprechen.

Beispiel 4:
Bei Krafteinsätzen mit sehr hoher Intensität (z. B. Armcurl mit 90 %) müssen offensichtlich **alle Fasertypen** zur Kraftentfaltung beitragen. Die Geschwindigkeit der Bewegung leidet natürlich darunter. Aufgrund dieser Gegebenheiten ist es auch nicht verwunderlich, daß in der Muskulatur von **Bodybuildern** mehr langsame Muskelfasern nachgewiesen worden sind.
Die normale *Verteilung von Fasern in der Muskulatur ist annähernd ausgeglichen (z. B. bei den Mm. vastus lateralis, gastrocnemius, rectus femoris, deltoideus, biceps).* Bei einigen Muskeln gibt es Abweichungen (z. B. hat der Triceps ca. 10 bis 30 % mehr FT-Fasern, der Soleus ca. 25 bis 40 % mehr ST-Fasern).

Zur Energieversorgung

Grundlage der Muskelkontraktion und -erschlaffung ist, wie bereits erwähnt, das ATP (Adenosintrisphosphat), das eine hochenergetische Verbindung darstellt.
ATP ist in geringem Maße in der Muskelzelle gespeichert (= 5 µmol/g Muskelfeuchtmasse),

Anaerob-alaktazid	1. ATP ⇌ ADP + PI + freie Energie 2. KP + ADP ⇌ Kreatin + ATP	ca. 2″ ca. 6–8″ (–20″)
Anaerob-laktazid	3. Glykogen/Glukose + PI + ADP → Laktat + ATP	ca. 20–40″
Aerob	4. Glykogen/Glukose od. freie Fettsäuren + PI + ADP + O_2 → CO_2 + H_2O + ATP	bis zu Stunden

Energieliefernde Stoffwechselvorgänge (grob dargestellt)

es reicht für ca. 3 bis 4 maximale Muskelkontraktionen bzw. einer Arbeitsdauer bei starker Belastung von 1 bis 2 Sekunden.
Mit dem Kreatinphosphat (KP) ist im Muskel eine weitere energiereiche Verbindung vorhanden, die die unmittelbare Resynthese (Wiederherstellung) des verbrauchten ATP garantiert, allerdings bei hoher Belastungsintensität nur bis zu 6 bis 8 Sekunden (ca. 20 bis 40 Muskelkontraktionen), bei submaximaler Belastung eventuell auch bis zu 20 Sekunden. Bei weiterer Muskelarbeit müssen die notwendigen Energiespeicher ATP und KP über verschiedene biologische Oxidationswege schrittweise aufgefüllt werden, und zwar:

- über die anaerobe Spaltung der Kohlenhydrate (Glucose) ohne Sauerstoffverbrauch und
- über die aerobe Oxidation der Nährstoffe unter Sauerstoffverbrauch (vgl. Tab. oben).

Beim Muskeltraining wird vorwiegend auf die vorhandenen und sich sehr schnell erneuernden Energiedepots (ATP und KP) zurückgegriffen. Hierbei kommt es nahezu zu keiner Milchsäurebildung (Laktat) im Muskel (anaerob-alaktazider Stoffwechselvorgang, vgl. Tab. oben). Somit kann sich der Trainierende auch relativ schnell zwischen den Übungen erholen (vgl. S. 26).
Wie bereits erwähnt, werden bei Muskelkontraktionen mit hohen Geschwindigkeiten zunächst die **schnellen Fasern** mobilisiert; sie sind biochemisch auf eine hohe anaerobe Leistungsfähigkeit eingestellt (= hoher Kreatinphosphat- und Glykogengehalt). Die **langsamen** verfügen über ein großes aerobes Potential (= hoher Gehalt an freien Fettsäuren, Mitochondrien und aerob wirksamer Enzyme).
Jedoch sind jenseits von 50 % der maximalen statischen Kraft aerobe Stoffwechselvorgänge aufgrund mangelnder Muskeldurchblutung praktisch bedeutungslos.
An dieser Stelle muß erwähnt werden, daß eine gute allgemeine **aerobe Ausdauer** und eine lokale aerobe dynamische und statische Ausdauer die Muskelentwicklung hinsichtlich Querschnitt und Maxi-

malkraft äußerst günstig beeinflussen. Damit ergibt sich nämlich

- eine bessere und *schnellere Versorgung* der Muskelzelle mit Nährstoffen,
- eine *schnellere Wiederauffüllung* (Resynthese) von ATP und KP und
- eine schnellere und *bessere Erholungsfähigkeit* in Belastungspausen und nach längeren Belastungen, also auch zwischen den Trainingseinheiten.

Zur Muskelfaserquerschnittvergrößerung

Die Muskelfaserquerschnittvergrößerung (auch Hypertrophie genannt) beruht auf einer Vergrößerung der Myofibrillenzahl (bedingt durch eine Vermehrung der Sarkomere) innerhalb der einzelnen Muskelfasern. Ausgelöst wird sie durch entsprechend hohe Reize, wobei das eigentliche physiologische Geschehen noch nicht geklärt ist. Die hohen Reize lösen offensichtlich eine Reaktion aus, die, um erneuten hohen Belastungen besser gewappnet zu sein, eine Vermehrung der kontraktilen Proteine nach sich zieht. Die Hypertrophie beruht offensichtlich letztlich auf einer Verstärkung der Nukleinsäuren- und Eiweißsynthese (Hollmann/Hettinger 1980).

Im Zusammenhang mit der Hypertrophie treten auch morphologische und funktionelle Veränderungen des versorgenden Nervensystems ein (z. B. zusätzliche Aufzweigung motorischer Nerven).

Umstritten ist bis heute, ob es auch zu einer Vermehrung der Zahl der Muskelfasern kommt (Hyperplasie).

Wie muß trainiert werden?

Die in der Muskulatur vorhandenen weißen, schnellen (FT-Fasern) und roten, langsamen (ST-)Fasern hypertrophieren offensichtlich auf Trainingsreize unterschiedlich:

- Bei Bewegungen gegen hohe Widerstände mit hierfür höchstmöglicher Geschwindigkeit hypertrophieren mehr die **schnellen Fasern.** Wenn beim Krafttraining die Geschwindigkeit nicht beibehalten werden kann, werden die hohen Widerstände geringfügig reduziert, wenn man beabsichtigt, die schnellkontrahierenden Fasern weiter anzusprechen.
- Bei langsamen langen bzw. hohen Beanspruchungen oder bei dynamisch-negativer Arbeit hypertrophieren mehr die roten, **langsamen Fasern.**

In der Trainingspraxis muß man zur Vergrößerung des Muskelfaserquerschnitts

- die Methode des Muskelaufbautrainings (s. S. 28 bis 30) und
- die Prinzipien des Bodybuildings (s. S. 119 bis 126) anwenden.
- Programm-Beispiele s. S. 46 bis 118.

Zur intramuskulären Koordinationsverbesserung

Wie wir bereits erwähnt haben, kommt es bei kurzzeitigen Muskelbelastungen mit geringem und/oder hohem Widerstand (z. B. nur der Widerstand von Sportgeräten und höchstens dem eigenen Körpergewicht)

- vorwiegend zum Einsatz der schnellen Fasern,
- bei hierbei gleichzeitig erhöhtem Widerstand – wie dies beim sog. Tiefsprung oder bei einem Schlagstoß der Fall ist – zu einer gleichzeitigen Innervation von bis zu 95 % aller Muskelfasern. Diese synchrone Aktivierung der höchstmöglichen Zahl von Muskelfasern nennt man **intramuskuläre Koordination** (IK).

Voraussetzung für eine optimale Erhöhung der IK ist eine große Querschnittsfläche der kontraktilen Muskelfasern, in diesem Fall v. a. der schnellen Fasern.
D. h. für die Praxis z. B. von Sprung,- Wurf-, Schlag-, Stoß- u. ä. Training, daß zuerst ein entsprechendes Muskelaufbau-Training (MA-Training) zur Vergrößerung der Querschnittsflächen betrieben werden muß.

Die Aneinanderreihung bzw. sinnvolle Ergänzung von MA- und IK-Training erst ergibt die eigentliche Maximalkraft (MK).

Wie muß trainiert werden?

Zunächst muß gesagt werden, daß es bei den maximalen Belastungen im IK-Training, bedingt durch die nur wenig möglichen Wiederholungszahlen von 1 bis 3 und somit auch der nur kurzen Reizdauer, zu keiner oder nur sehr geringen Muskelfaserverdickung kommt.
Mangels Muskelzuwachs kann in diesem Fall der zu erwartende Kraftgewinn nur auf einer Verbesserung nervaler und biochemischer Faktoren zurückgeführt werden.
Eine IK-Steigerung wird nur mit Intensitäten über 85 % der momentanen Maximalkraft erreicht, wobei offensichtlich die günstigste Verbesserung der synchronen Aktivierung motorischer Einheiten mit Übungen, bei denen es zu einer optimalen Vorspannung bzw. Vorinnervation der Muskulatur kommt, erlangt wird. Diese Übungen sind z. B. Tiefsprünge, Schlagstöße u. a.

Bedeutung der Muskeldehnfähigkeit

Für eine optimale IK-Verbesserung ist nur ein dehnfähiger Muskel prädestiniert. Warum?

Bei einer starken Hypertrophie der Muskelfasern kommt es bei Beanspruchung des Muskels zu einer frühzeitigen Aktivierung von Rezeptoren an den Sehnen (sog. Golgi-Organe), die offensichtlich eine Hemmfunktion auf die Motoneurone des Muskels bewirkt (dies ist auch teilweise ein Schutz der Sehne vor Überbeanspruchung). D. h. für die Praxis des Maximalkrafttrainings, daß die Massenzunahme des Muskels mit Dehnübungen verbunden werden muß. Die hierdurch ausgelösten Anpassungsvorgänge in Muskeln und Sehnen verhindern ein vorzeitiges Auslösen von Hemmungen bei Muskelkontraktionen.
Hierin liegt einer der entscheidenden Gründe, weshalb *Bodybuilder* bei einem Kraftvergleich mit *Gewichthebern* im submaximalen Bereich ähnlich, in der Maximalkraft aber deutlich unterlegen sind. Der falsch verstandene Verzicht auf Dehnübungen »zugunsten« der Hypertrophie reduziert die realisierbare Maximalkraft.

Muskeltraining und Bewegungsmechanik

Die Größe der zu entwickelnden Kraft hängt auch von den Gesetzen der Mechanik ab. Hierbei handelt es sich vorwiegend um die Hebelgesetze. Dazu 2 Beispiele:

Beispiel 1: Armbeugung (Curl)
Bei einem Gelenkwinkel im Ellenbogengelenk um ca. 90° kann durch das günstige Hebelarmverhältnis

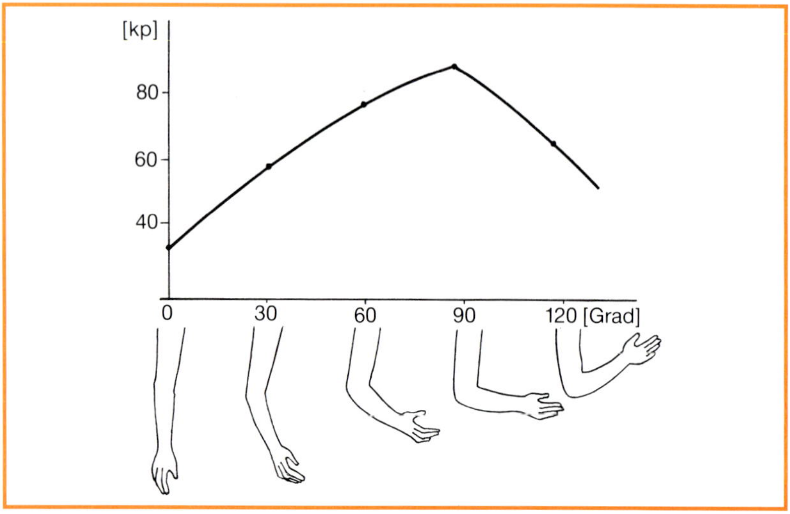

Abhängigkeit der Kraftwerte einer gleichförmigen Bewegung von den Gelenkwinkeln

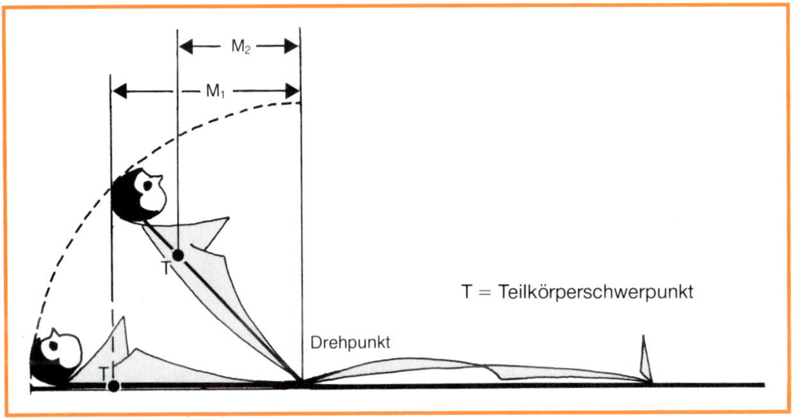

Geringere Belastung der Bauch-, Hüft- und Oberschenkelmuskulatur durch abnehmendes Drehmoment beim Aufrichten des Oberkörpers. (Dies ist ein theoretisches Beispiel – in der Praxis ist diese Übung unphysiologisch!)

die größte Last bewegt werden (s. Abb. S. 24).
D. h. andererseits beim Heben einer konstanten Last (z. B. Kurzhantel von 5 kg), daß in dieser Stellung um 80 bis 100° gegenüber den anderen Gelenkwinkeln nur ein Teil der vorhandenen Muskelkraft zum Überwinden des Widerstandes benötigt wird. Mit dem Einsatz der somit »freigewordenen« motorischen Einheiten könnte die Bewegungsgeschwindigkeit erhöht werden.

Beispiel 2: Rumpfaufrichten (Sit-up)
Beim Aufrichten aus liegender Position in Rückenlage (Rumpfbeuge/Sit-up) ist ein Bewegungsumfang des Oberkörpers von fast 180° möglich. Der wirksame Belastungsbereich für die Bauch-, Hüft- und Oberschenkelmuskulatur als Antrieb dieser Bewegung umfaßt jedoch höchstens 60°, also nur $^1/_3$ der 180°.
Nach der größten Belastung (größeres Drehmoment) am Anfang der Bewegung wird diese, aufgrund der immer kleiner werdenden Drehmomente, immer geringer (vgl. Abb. oben).
Liegt eine entsprechende Dehnfähigkeit der Rückenmuskulatur vor, ist nach Überwinden der 90°-Position des Oberkörpers überhaupt keine Belastung für die Muskulatur mehr gegeben, da eine weitere Bewegung des Oberkörpers nach vorne aufgrund der Schwerkrafteinwirkung erfolgt.
Weitere Beispiele in BLV Sportwissen, EHLENZ/GROSSER/ZIMMERMANN: Krafttraining.

Trainingsmethodik

Trainingsprinzipien für alle Zielbereiche

Die Wirkungen eines Muskeltrainings resultieren aus den biologischen Anpassungsmechanismen.
D. h.: Reizt man den Muskel mittels richtig dosierter Kraftübungen, so verändert er sich strukturell und funktionell – er wird kräftiger und auch ausdauernder.
Für die Trainingspraxis müssen hinsichtlich einer optimalen Anpassung von allen Krafttrainierenden folgende 3 Trainingsprinzipien berücksichtigt werden:

- Prinzip der optimalen Relation von Belastung und Erholung;
- Prinzip der progressiven und variierenden Belastungen;
- Prinzip der Periodisierung.

Zum Prinzip der optimalen Relation von Belastung und Erholung

Beim Muskeltraining kommt es stets darauf an, das im Sinne einer Muskelkräftigung richtige zeitliche Verhältnis von Trainingsreizen und Erholungsphasen zu setzen.
Mit der Abb. auf S. 27 ist dieses Verhältnis charakterisiert: Zunächst erfährt die Muskulatur durch Trainingsbelastungen eine starke Beeinträchtigung der Funktionsfähigkeit (= Ermüdung). In der jetzt notwendig einzuhaltenden Erholungsphase paßt sich die Muskulatur dergestalt an, daß die Leistungsfähigkeit über das ursprüngliche Niveau hinaus erhöht wird (= **Superkompensation**).
Wichtig sind hierbei in der Praxis:

1. Richtig dosierte Reizsetzungen – vgl. Trainingsmethoden S. 28 bis 38) und
2. die entsprechenden Regenerationszeiten (vgl. Tab. unten).

Mögliche Regenerationszeiten nach Kraftbelastungen

	Regenerationszeit zwischen Sätzen	Regenerationszeit zwischen Trainingseinheiten
Anfänger	2–5 Minuten	24–36 Stunden
Leistungs- und Hochleistungssportler	1–2 Minuten	3–12 Stunden

Anmerkung: Diese Zeiten gelten für eine ca. 90%ige Regeneration; vollständige Erholungen dauern z. T. wesentlich länger – bei Anfängern z. B. nach einer anstrengenden Trainingseinheit bis zu 84 Stunden.

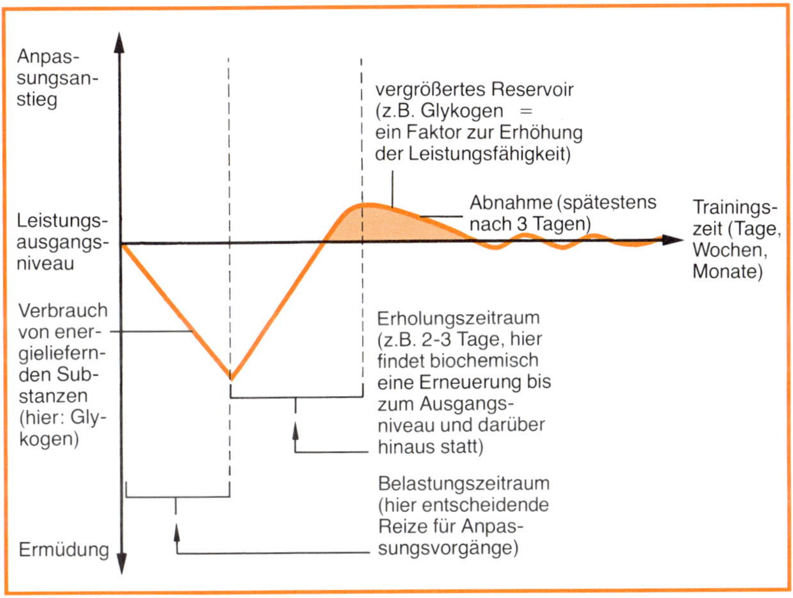

Veranschaulichungsschema der biologischen Anpassung

Im Hochleistungssport wirken auch noch andere Adaptationsprozesse (z. B. **langzeitig verzögerter Trainingseffekt;** siehe GROSSER et al.: Konditionstraining).

Zum Prinzip der progressiven und variierenden Belastungen

Das Prinzip der *allmählich steigenden (progressiven) Belastung* ist im Krafttraining deshalb anzuwenden, da es dem Organismus Zeit zur kontinuierlichen Anpassung an Belastungssteigerungen läßt. Also zum einen eine ungehinderte Körpergewichtsentwicklung erlaubt, zum anderen Schädigungen von Gelenksystem, Bindegewebe, Sehnen usw. einschränkt. Für ein Krafttraining empfiehlt sich bezüglich einer allmählichen Steigerung die nachstehende methodische Reihenfolge:

1. Erhöhung der *Trainingshäufigkeit* von 1- bis 2 mal pro Woche bis zum täglichen Training (soweit dies für die Sportart erforderlich).
2. Erhöhung des *Trainingsumfanges,* z. B. durch höhere Wiederholungszahlen bzw. mehr Sätze.
3. Erhöhung der *Reizintensität* und somit gleichsam Erhöhung des Trainingsumfanges (vgl. insgesamt hierzu den Aufbau unserer Trainingsprogramme ab S. 46).

Weiterhin sollten keine einförmigen, monotonen Trainingssituationen geschaffen, sondern ab einem bestimmten Leistungsniveau die Trainingsübungen *variiert* werden (vgl. Alternativübungen in unseren Programmvorschlägen). Somit wird gleichzeitig auch eine vielfältigere Muskelbeanspruchung erreicht.

Zum Prinzip der Periodisierung

Hiermit ist ausgedrückt, daß planmäßig über einen längeren Zeitraum hinweg trainiert werden muß, wobei
- Tages-,
- Wochen-,
- Perioden- und
- Jahreszyklen

jeweils mit ganz spezifischen Belastungs- und Erholungsphasen im Krafttraining gestaltet werden müssen.

Auf S. 121 ist ein Periodisierungs-Beispiel aufgezeigt, das für alle Zielbereiche entsprechend abgewandelt angewendet werden kann. Außerdem enthalten alle unsere Programmvorschläge planmäßig dosierte Periodisierungsaspekte.

Welche Trainingsmethoden werden wann angewendet?

Wie wir bereits auf den S. 10 bis 12 dargestellt haben, gibt es im wesentlichen 5 Erscheinungsformen der Muskelausbildung:
1. Erhöhung der aeroben/anaeroben Energiebereitstellung,
2. Muskelfaserquerschnittvergrößerung,
3. intramuskuläre Koordinationsverbesserung und
4. Erhöhung der Muskelkontraktionsgeschwindigkeit.
5. Erhöhung der reaktiven Spannungsfähigkeit.

In der Praxis wendet man hierfür Methoden von S. 28 ff. an.

Zum Muskelaufbautraining

Die methodisch erste Trainingsart zur Maximalkraftsteigerung ist das Muskelaufbautraining. Es wird vorwiegend im Fitneß-Training (mit 40 bis 60 %) und Bodybuilding (mit 50 bis 80 %) angewendet und ist vorzüglich zur Erreichung der Muskelquerschnittvergrößerung geeignet. Im **Fitneß-Sport** werden mit einer querschnittvergrößerten Muskulatur die Gewichtszunahme und eine Kraftsteigerung realisiert. Im **Body-**

Methode Trainingsart	Wirkung	Anwendung	Kraftform
Muskelaufbau-training	Muskelfaser-querschnitt-vergrößerung	für alle Sport-arten als Basis u. für alle Ziel-bereiche	Maximalkraft (1. Teil)
Intramuskuläres Koordinations-training (IK-Training)	Erhöhung der synchronen Aktivierung der motorischen Einheiten	im Leistungs-sport für alle Schnellkraft-disziplinen	Maximalkraft (2. Teil)
Kombinations-training (Pyramiden-methode)	Muskelfaser-querschnitt-vergrößerung u. gleichzeitig IK-Wirkung	für alle Schnellkraft-sportarten	Maximalkraft (1. u. 2. Teil)
Schnellkraft-methoden	Erhöhung der Frequenzierung und Kontraktions-geschwindigkeit	für alle-Schnellkraft-sportarten	Schnellkraft Reaktivkraft
Plyometrisches Training	Erhöhung der reaktiven Spannungs-fähigkeit	für alle Schnellkraft-sportarten	Reaktivkraft
Kraftausdauer-methoden	Erhöhung der aeroben und an-aeroben lokalen Energiebereit-stellung	für alle Kraft-ausdauersport-arten	Kraftausdauer
Spezielle-Methoden des Muskelfaser-querschnitt-trainings	gesteigerte Muskelfaser-querschnitt-vergrößerung	im Bodybuilding	spezifische Kraftausdauer

building werden über eine Muskelquerschnittvergrößerung die Muskelzunahme und entsprechende Proportionen zwischen bestimmten Muskelgruppen erreicht.
Des weiteren ist das Muskelaufbautraining auch eine Krafttrainingsmaßnahme im **Grundlagen- und Aufbautraining** des Leistungs- und Hochleistungssports und des **Rehabilitationstrainings.** So werden z. B. im **Leistungssport** in vielen Sportarten wie Ringen, Judo, Gewichtheben usw. Körperteile der Sportler auf Biegung und Knickung beansprucht. Als Konsequenz muß ein entsprechendes Verhältnis von Körperteillänge zu Körperteilquerschnitt vorliegen. In Fällen, in denen dieses Verhältnis nicht stimmt, kann eine schnelle Körperteilquerschnittvergrößerung aufgrund von Muskelzuwachs vor gesundheitlichen Schäden, z. B. Schädigung der Wirbelsäule, schützen.
In Sportarten oder Disziplinen mit Gewichtsklasseneinteilung muß in der Regel das Gewichtlimit voll ausgeschöpft werden, um maximale Leistungen zu erbringen.

Trainingsmethode
Voraussetzung für eine Muskelquerschnittvergrößerung ist eine entsprechend lange Reizdauer, d. h., es muß mit hohen Wiederholungszahlen, die aber nur geringe bis mittlere Widerstandsgrößen zulassen, trainiert werden. Im einzelnen (vgl. auch S. 123 ff.):

Intensitätsbereich:
40 bis 60/80 % der jeweiligen maximalen Übungsbestleistung.
Wiederholungszahlen:
15 bis 8/6.
Bewegungstempo: langsam und ohne Unterbrechung für extremen Muskelzuwachs; ansonsten mittleres Bewegungstempo.
Sätze (= Serien): 3 bis 5 für wenig Geübte, 5 bis 8 für Leistungssportler.
Pausen zwischen den Sätzen:
1,5 bis 4 Minuten.

Zum intramuskulären Koordinationstraining

Wie bereits erläutert, ist der untrainierte Mensch nicht in der Lage, eine sehr hohe Anzahl seiner motorischen Einheiten in der Muskulatur synchron zu aktivieren. Durch intramuskuläres Koordinationstraining kann dies jedoch erreicht werden. Dies führt bei Sportlern, die mit Krafttraining bereits vertraut sind, zu einem hohen und schnellen Kraftzuwachs. Daß es bei dieser Trainingsart zu keinem bzw. eventuell nur zu geringem Muskelzuwachs kommt, ist durch die submaximalen und maximalen Belastungen bedingt, die nur geringe Wiederholungszahlen und somit auch nur eine kurze Reizdauer zulassen. Mangels Muskelzuwachs kann in diesem Fall der zu erwartende Kraftgewinn nur auf eine Verbesserung von nervalen und biochemischen Faktoren zurückgeführt werden.

Trainingsmethoden
Voraussetzung für eine Aktivierungs- bzw. Innervationserhöhung motorischer Einheiten ist ein Krafttraining mit Belastungen ab 75 bis 100 und mehr % der aktuellen maximalen Kraftfähigkeiten (über 100 % ist nur möglich bei exzentrischer Muskelarbeitsweise).
Um einen Anpassungseffekt des neuromuskulären Systems bzw. eine Leistungssteigerung zu gewährleisten, muß z. B. die Belastungsgröße von 85 % in 5 bis 8 Sätzen mit 4 bis 5 Wiederholungen trainiert werden. Für Ungeübte kommt daher ein intramuskuläres Koordinationstraining nicht in Frage. Im einzelnen unterscheidet man die beiden nebenstehenden Methoden:

1. *Methode hoher und höchster Intensitäten*
   Intensitätsbereich:
   80 bis 95 % der jeweiligen maximalen Übungsbestleistung.
   Wiederholungszahlen:
   5 bis 1, d. h. bei
   80 % bis 5 bis 6mal, 85 % bis 4mal, 90 % bis 3mal, 95 % bis 1mal.
   Anwendungsbeispiel:
   Planziel 6 Sätze beim Bankdrücken mit 80 %, d. h. 6 × 5 Wiederholungen mit 75 kg = 30 Wiederholungen.
   Bewegungstempo: langsamzügig (bedingt durch die sehr hohen Lasten).
   Sätze: 5 bis 8 (je geringer die Wiederholungszahl, desto mehr Sätze).
   Pausen zwischen den Sätzen: 1 bis 4 Minuten.

2. *Methode reaktiver Belastungen*
   Trainingsübungen:
   Tiefsprünge, Beinstöße, Schlagstöße u. ä.
   Intensitätsbereich:
   100 und mehr %.
   Wiederholungszahlen:
   6 bis 10
   Bewegungstempo: explosiv.
   Sätze: 4 bis 8.
   Pausen zwischen den Sätzen: 2 bis 4 Minuten.

Zum kombinierten Maximalkrafttraining

Basis dieser Trainingsart ist eine Kombination beider biologischer Möglichkeiten zur Maximalkraftsteigerung, nämlich zum einen durch Hypertrophie der Muskulatur als Folge eines Trainings mit geringen Widerständen und hoher Wiederholungszahlen und zum anderen durch Verbesserung der intramuskulären Koordination als Folge eines Trainings mit hohen Widerständen und geringen Wiederholungszahlen.

Trainingsmethoden

Abhängig von der Zielstellung werden beim Pyramidentraining 4 bis 5 Übungen mit 5 bis 10 Sätzen pro Übung, also etwa 30 bis 40 Sätze (Serien) pro Trainingseinheit durchgeführt. Bezüglich der Zielstellung kann einmal der Kraftzuwachs primär durch Hypertrophie der Muskulatur angestrebt werden, zum anderen primär durch Verbesserung der intramuskulären Koordination. Wird der Kraftzuwachs primär durch Hypertrophie der Muskulatur angestrebt, stehen die hohen Wiederholungszahlen (längere Reizdauer) im Vordergrund. D. h. die Wiederholungszahlen 1 bis 2 oder 1 bis 3 entfallen. In diesem Fall spricht man von einem abgestumpften Pyramidentraining (vgl. Abb. unten, b).

Wird hingegen der Kraftzuwachs primär durch Verbesserung der intramuskulären Koordination angestrebt, stehen die niedrigen Wiederholungszahlen (hohe Reizintensität) im Vordergrund. D. h. die Wiederholungszahlen 5 bis 8 oder 6 bis 8 entfallen. Hier spricht man von einem normalen Pyramidentraining (vgl. Abb. unten, a; auch Pyramidenspitze).

Nach den Periodisierungsprinzipien wird ein Krafttraining mit Maßnahmen zur Muskelhypertrophie begonnen. Stehen z. B. 4 Wochen für ein Pyramidentraining zur Verfügung, wird 2 Wochen ein abgestumpftes und 2 Wochen ein normales Pyramidentraining angewendet.

Die hohe Differenz in der Satzzahl erklärt sich aus der Tatsache, daß für die Effektivität eines Krafttrainings nicht nur die Höhe der Widerstände und die Anzahl der Sätze,

Pyramidenbeispiele: a normale Pyramide, b abgestumpfte, c doppelte

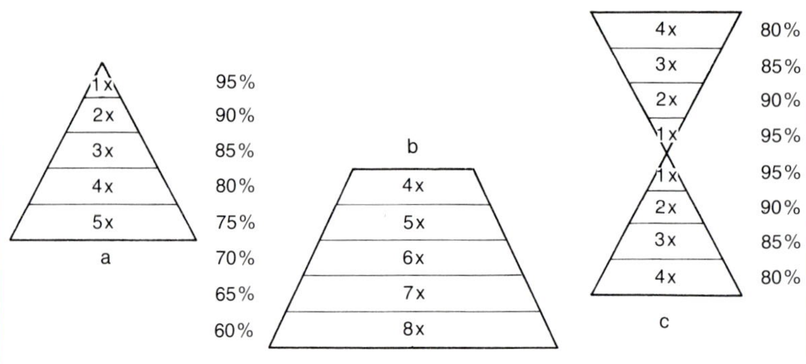

sondern auch die Anzahl der Wiederholungen ausschlaggebend ist. Werden beim Pyramidentraining z. B. nur die Sätze 1 bis 4 trainiert, ist die dabei realisierte Wiederholungszahl von (4 + 3 + 2 + 1) = 10 zu gering, um einen entsprechenden Trainingseffekt zu erzielen. In diesem Fall muß die Pyramide wiederholt werden, um eine ausreichende Anzahl von Wiederholungen (hier z. B. 20) zu erreichen (Beispiel s. Abb. S. 32, c).

Zum Schnellkrafttraining

Zielstellung des Schnellkrafttrainings ist die Erhöhung der Kontraktionsgeschwindigkeit und des koordinativen Zusammenspiels (mittels disziplinspezifischer Technikabläufe) derjenigen Muskulatur, die für die Wettkampfdisziplin leistungsbestimmend ist. Voraussetzung hierfür ist ein Training mit Widerständen,

- die relativ »leicht« sind und
- die Bewegungsausführungen müssen der jeweiligen Sportart/Sportdisziplin angeglichen sein;
- des weiteren sind die Widerstände so schnell wie möglich zu bewegen.

Ist die maximale Kontraktionsgeschwindigkeit einmal erreicht, lassen sich die Schnellkraftfähigkeiten durch ein weiteres isoliertes Schnellkrafttraining nicht mehr verbessern. Dies ist zum einen darin begründet, daß durch die schnellen Bewegungsausführungen die Belastungsreize zu kurz sind, um Anpassungen bezüglich Muskelquerschnittvergrößerungen zu erreichen, zum anderen, daß die Widerstände bei schnellen Bewegungsausführungen zu gering sind, um Anpassungen bezüglich höheren intramuskulären Fähigkeiten zu erzielen. In Sportarten, in denen schon als Folge sportartspezifischer Beanspruchung ein hohes Niveau bezüglich Kontraktionsgeschwindigkeit vorhanden ist, kann ein isoliertes Schnellkrafttraining, von Ausnahmen abgesehen, nur wenig wirksam sein. Ausnahmen sind Sportarten wie z. B. Gewichtheben, in denen aufgrund des permanenten Trainings mit hohen Widerständen die leistungsbestimmenden Faktoren der Schnellkraft – hohe Muskelinnervationsfähigkeit und entsprechende Querschnittsfläche schneller Muskelfasern – zwar vorhanden sind, die Kontraktionsgeschwindigkeit, bedingt durch die langsamen Bewegungsausführungen als Folge der hohen Widerstände, aber nicht trainiert wird.

Trainingsmethoden
Die volle Wirksamkeit des Schnellkrafttrainings wird nur erreicht in Kombinationen mit den Maximalkrafttrainingsarten. Somit ergibt sich für das Schnellkrafttraining stets folgende methodische Reihenfolge:

- Zuerst Maximalkraftsteigerung,
- dann techniknahes Schnellkrafttraining zur Wiedererlangung des vorher vorhandenen bzw. zur Steigerung des Kontraktionsgeschwindigkeitsniveaus.

Methode 1:
Ausführen von Bewegungsformen der Wettkampfdisziplin nur mit dem eigenen Körpergewicht bzw. den erforderlichen Wettkampfgeräten.
Wiederholungszahl: ca. 10 bzw. bis unmittelbar vor Ermüdungseintritt.
Bewegungstempo: wettkampfangepaßt
Sätze: 3 bis 8;
Pausen: 3 bis 5 Minuten.

Methode 2:
Intensitätsbereich: 30 bis 40%.
Wiederholungszahlen: 6 bis 8.
Bewegungstempo: schnellstmöglich (auch: explosiv-schnell).
Sätze: 3 bis 8.
Pausen zwischen den Sätzen: 3 bis 5 Minuten.

Methode 3:
Muskelleistungsmethode
Intensitätsbereich: 30 bis 60%.
Dauer: 15 bis 40 Sekunden hintereinander.
Bewegungstempo: schnellstmöglich.
Sätze: 2 bis 5.
Pausen zwischen den Sätzen: 2 bis 5 Minuten.

In der Praxis haben sich hierbei zwei Möglichkeiten bewährt:
1. innerhalb einer Trainingseinheit unmittelbar nach dem (IK-)Maximalkrafttraining schnellkräftige Übungen;
2. nach Abschluß der Periode des Maximalkrafttrainings dann isoliert Schnellkrafttraining.

Wird in Sportarten, die mit leichten Geräten betrieben werden, z. B. Tennis, ein Maximalkrafttraining durchgeführt, ist in der Regel ein anschließendes Schnellkrafttraining nicht erforderlich, da die Anpassung der neuromuskulären Funktionen hier allein durch die sportartspezifischen Bewegungen schnell wieder zur vorher vorhandenen Kontraktionsgeschwindigkeit führt.

Zum Reaktivkrafttraining

Bei allen Sprungformen und schnellen Laufschritten tritt der sog. **Dehnungs-Verkürzungszyklus** bzw. die **Reaktivkraft** auf. Leistungsbestimmend sind hierbei: Muskelfaserquerschnitt, intramuskuläre Koordination und das Elastizitäts- und Innervationsverhalten von Muskeln, Sehnen und Bändern. Das Reaktivkrafttraining erfordert eine eigenständige Methode:

Intensitätsbereich: bis 150 %.
Wiederholungen: 6 bis 10.
Sätze: 2 bis 6.
Pausen zwischen den Sätzen:
2 bis 8 Minuten.
Bewegungstempo: explosiv.

Anmerkung:
Bei Anwendung der reaktiven Belastungsmethode ist auf allmähliche Belastungssteigerung zu achten. Bezüglich der Beinstreckmuskulatur stehen deshalb anfangs Hüpfübungen (beidbeinig, einbeinig), später Sprungübungen (z. B. Vertikalsprünge über niedrige Hürden, Horizontalsprünge als Sprungschritte), dann schließlich Tief-Hoch-Sprünge auf dem Programm (vgl. untenstehende Tabelle). Bezüglich anderer Muskelgruppen (z. B. Arme, Schultergürtel) ist die allmähliche Belastungssteigerung ebenso über Fallhöhe und Lastgröße zu regulieren.

Zum Kraftausdauertraining

Wie bereits erwähnt, ist das Kraftausdauervermögen eine Kombinationseigenschaft aus Kraft- und Ausdauerfähigkeiten. Abhängig von den sportartspezifischen Erfordernissen können für Kraftausdauerleistungen einmal Kraft- und Ausdauerfähigkeiten in gleichen, zum anderen aber auch in unterschiedlichen Ausprägungen erforderlich sein.
Werden hohe Kraftfähigkeiten bei nur geringen Ausdauerfähigkeiten benötigt, spricht man von Maximalkraftausdauer. Etwa gleiche Anforderungen an Kraft- und Ausdauerfähigkeiten bezeichnet man als submaximale Kraftausdauer; sind hingegen hohe Ausdauerfähigkeiten und nur geringe Kraftfähigkeiten erforderlich, spricht man von Ausdauerkraft.

Maximalkraftausdauer

Da die Energiebereitstellung für Kraftausdauerleistungen mit hoher Kraftbeanspruchung fast ausschließ-

Reaktivkraft-Trainingsformen

Disziplinnahe Bewegungsformen	Wiederholungen	Serien
Tiefsprünge (aus verschiedenen Höhen)	10	3–5
Sprungübungen (Schritt-, Hock-, Hinksprünge)	10	3–5
Ein-, beidbeiniges Hüpfen	30	3
Hopserlauf	50	3

lich anaerob erfolgt, ist ein spezielles Kraftausdauertraining hier nicht erforderlich.
Begründung: Ist die anaerobe Energiebereitstellung ausreichend zur Realisierung einer 100%igen Leistung, so ist sie nach sportpraktischen Erkenntnissen auch ausreichend, um in allen zu trainierenden Sätzen mindestens

z. B. eine	90%ige Leistung	2mal
	80%ige Leistung	4mal
	75%ige Leistung	5mal
	50%ige Leistung	10mal

usw. zu wiederholen.

Trainingsmethode
Eine Steigerung der Maximalkraftausdauer erfolgt durch die Trainingsmaßnahme zur Maximalkraftsteigerung, wobei dieselbe Methode bezüglich Trainingshäufigkeit, Trainingsdauer, Trainingsumfang (Intensität × Wiederholungen), Anzahl der Sätze usw. angewendet wird.

Submaximale Kraftausdauer

Da hier Ausdauerfähigkeit und Kraftfähigkeit gleichrangig sind, d. h. die Energiebereitstellung anteilig aerob und anaerob erfolgt, sind neben dem Maximalkrafttraining spezielle Kraftausdauertrainingsmaßnahmen zur Steigerung der aeroben Kapazität erforderlich.

Trainingsmethoden
1. Phasenhaftes oder komplexes Training der sportartspezifischen Bewegungsabläufe mit Zusatzlasten in höheren Wiederholungszahlen (dynamisch) oder in längerer Belastungszeit (statisch) als wettkampfmäßig erforderlich ist bzw. mit kürzeren Pausen zwischen den Sätzen.

Intensitätsbereich: 30 bis 50%.
Wiederholungszahlen:
25 und wesentlich mehr (bis 100). Hierbei ist zu beachten, daß diese Sportler nicht Maximalkraft-trainiert sind, d. h. die intramuskulär-koordinative Kapazität ist nicht ausgeschöpft, so daß die »angewendeten« 50% den Muskel lediglich in einem Bereich von ca. 30% der möglichen Leistungsfähigkeit belasten.
Sätze: 4 bis 10.
Pausen zwischen den Sätzen:
1 Minute.

2. Circuittraining: Je nach Alter und Leistungsfähigkeit wird die für die Sportdisziplin leistungsbestimmende Muskulatur an 6 bis 12 Stationen trainiert.

Stationen: 6 bis 12, pro Station eine andere Muskelgruppe.
Belastungszeiten: 20 Sekunden für Anfänger, 40 Sekunden für Leistungssportler.
Pausen zwischen Stationen: 40 bis 80 Sekunden bei Anfängern, 20 bis 40 Sekunden für Leistungssportler.
Serien: 2 bis 6.
Pausen zwischen den Serien: 2 bis 4 Minuten.

Ausdauerkraft

Da bei der Ausdauerkraft die Ausdauerfähigkeit leistungsbestimmend ist, d. h. die Energiebereitstellung fast ausschließlich aerob erfolgt, sind nur Trainingsmaßnahmen zur Steigerung der aeroben Kapazität wie Circuittraining und ein phasenhaftes oder komplexes Training der sportartspezifischen Bewegungsabläufe in Intensitäten um 30 bis 50 % (s. Submaximale Kraftausdauer) erforderlich.

Aufwärmen, Muskeldehnung, Regenerationsmaßnahmen und Ernährung

Vor, während und nach einem richtigen Muskeltraining sollten verschiedene *trainingsbegleitende Maßnahmen* durchgeführt werden. Einige ausgewählte sind im folgenden beschrieben.

Vor dem Muskeltraining – Aufwärmen

Die von einem Krafttraining erwartete Leistungssteigerung (Anpassung) setzt eine entsprechende Belastung (Reiz) auf den Organismus voraus. Um aber von Beginn an entsprechende Belastungen tolerieren zu können, muß der Organismus in eine höhere Leistungsbereitschaft versetzt werden. Diese soll eine höhere Reaktionsbereitschaft des Zentralnervensystems, eine höhere Muskeltemperatur und einen intensiveren Stoffwechsel bewirken. Letzterer gewährleistet eine bessere Ver- und Entsorgung der Muskulatur mit Sauerstoff und Nährstoffen (energiereiche Substrate) bzw. Kohlendioxyd und Stoffwechselabfallprodukten. Eine höhere Reaktionsbereitschaft des Zentralnervensystems, z. B. durch eine erhöhte Leitfähigkeit der Nervenbahnen, beeinflußt positiv das Koordinationsvermögen. Ein gutes Koordinationsvermögen kann wiederum die Gefährdung durch Verletzungen, vor allen Dingen beim Trainieren mehrgelenkiger Kraftübungen wie Kniebeugen, Bankdrücken, Zugübungen usw., einschränken. Die höhere Körper- bzw. Muskeltemperatur bewirkt eine abnehmende Viskosität (innerer Reibungswiderstand) der Muskulatur. Die Höhe der Abnahme ist vom Grad der Erwärmung, dieser wiederum von Art, Intensität, Umfang und Dauer des Aufwärmens abhängig. Eine abnehmende Muskelviskosität erhöht die Dehnfähigkeit und Kontraktionsgeschwindigkeit der Muskulatur. Die erhöhte Dehnfähigkeit der Muskulatur schränkt ebenfalls die Verletzungsgefährdung ein und trägt zu einem effektiveren Krafttraining bei. Hinweis: Da bekanntlich bei erhöhter Muskeldehnfähigkeit (Muskelvordehnung) eine größere Kraftentwicklung möglich ist, kann sofort nach dem Aufwärmen mit optimalen Gewichtsbelastungen trainiert werden.

Das Versetzen des Organismus in eine höhere Leistungsbereitschaft ist durch passive und aktive Aufwärmemaßnahmen möglich.

Passive Maßnahmen sind z. B. Dusch- oder Wannenbäder, Bestrahlungen, Einreibungen mit durchblutungsfördernden Mitteln, Massagen oder mentales Aufwärmen. Selbst wenn die Anwendung passiver Aufwärmemaßnahmen in der Trainingspraxis möglich ist (was man z. B. bei Massage, Bestrahlung oder Wannenbad nicht voraussetzen kann), sind sie weniger effektiv als aktive Maßnahmen. Aus diesem Grunde sind sie nur als Ergänzung zum aktiven Aufwärmen zu sehen.

Beim **aktiven Aufwärmen** unterscheiden wir zwischen allgemeinem und speziellem Aufwärmen. Durch das allgemeine Aufwärmen werden, unabhängig von den spezifischen Anforderungen der Sportart, die Funktionen von Herz, Lunge, Kreislauf und Muskulatur erhöht, was den bereits erwähnten intensiveren Stoffwechsel und die höhere Muskeltemperatur bewirkt.

Zum Erzielen optimaler Funktionen sind Übungen notwendig, die den Einsatz großer Muskelgruppen wie Bein- und Armmuskulatur bedingen, z. B. Übungen wie Laufen, Hüpfen und Springen mit Armbewegungen, Seilspringen usw. Das dem allgemeinen Aufwärmen sich anschließende spezielle Aufwärmen erfolgt sportartspezifisch. Es werden hier nur Übungen durchgeführt, die solche Muskeln, Muskelgruppen und Gelenke ansprechen, die zur Realisierung der sportartspezifischen Zielstellung notwendig sind.

Da beim Krafttraining die Gelenke einer hohen Beanspruchung unterliegen, sind beim speziellen Aufwärmen als erstes Übungen mit Kreisbewegungen um jedes Gelenk, beginnend mit den Fuß-, endend bei den Handgelenken, durchzuführen. Danach erfolgen die notwendigen Dehnübungen, da wir nun voraussetzen können, daß sich durch die vorangegangenen Anteile des Aufwärmens die Körpertemperatur soweit erhöht hat, daß die dadurch bewirkte Senkung der Viskosität von Muskulatur und Bindegewebe Verletzungen durch die Dehnübungen ausschließt.

Vor, während und nach dem Muskeltraining – Muskeldehnung

Auf die elastischen Eigenschaften des Muskels in Verbindung mit Kraftübungen haben wir bereits auf S. 24 hingewiesen. In der Praxis werden diese elastischen Vorteile und die damit gekoppelten herabgesetzten Hemmfunktionen in und zwischen mehreren Muskeln durch Dehnübungen erreicht.
So sollten nicht nur im *Aufwärmen*, sondern auch *zwischen* den Trainingssätzen und auch *nach* einer Programmdurchführung (also als sog. *Ausklang*) einfache Dehnübungen für diejenigen Muskelgruppen, die gerade belastet wurden, absolviert werden. Solche Übungen fördern außerdem die Regenerationsmechanismen, so daß man einerseits schneller erholt ist, andererseits allzu starken Muskelkater vermeiden kann.

Nach dem Muskeltraining – Regenerationsmaßnahmen

Um nach Belastungen entsprechende Anpassungen zu erzielen, sind Erholungsphasen erforderlich. Sinn der Erholungsphase ist die Wiederherstellung der beanspruchten Körpersysteme bis über das Ausgangsniveau hinaus (vgl. S. 26). Beim Krafttraining handelt es sich hierbei insbesondere um das Zentralnervensystem, die Energiebereitstellung und die Muskulatur. Nach sportpraktischen Erkenntnissen ist beim Krafttraining zur vollständigen Wiederherstellung eine Erholungspause von 24 bis 48 Stunden erforderlich; z. B., um die Energiespeicher (ATP, Kreatinphosphat, Glykogen) wieder aufzufüllen und Eiweißstrukturen zu resynthetisieren oder Elektrolytverluste auszugleichen.
Eine ungenügende Berücksichtigung von entsprechenden Erholungsphasen gestattet keine vollständige Wiederherstellung und führt zu einem Abfall der Leistungsfähigkeit sowie zu möglichen Verletzungen.
Die Wiederherstellungsvorgänge können durch einen Komplex von verschiedenen Maßnahmen unterstützt bzw. beschleunigt werden. Dies ist vor allen Dingen für den Spitzensport von Bedeutung, in dem in vielen Fällen aufgrund des Absolvierens von zwei oder mehreren Trainingseinheiten pro Tag die notwendige Erholungsphase nicht gegeben ist.
Bei diesen Maßnahmen handelt es sich in erster Linie um sportpraktische, ernährungsphysiologische und physiotherapeutische.

Sportpraktische Maßnahmen

Auslaufen, Dehnübungen
Die nach einem Belastungsende durch Auslaufen bewirkte höhere Kreislauftätigkeit sorgt für einen schnelleren Abtransport von Stoffwechselschlacken, einen intensive-

ren Gasaustausch (Aufnahme von Sauerstoff und Abgabe von Kohlendioxyd) und eine schnellere Ergänzung verbrauchter Nährstoffe in den Muskelzellen. Da Muskelkater auch durch eine Anhäufung von Stoffwechselschlacken bedingt sein kann, unterstützen Auslaufen und Dehnübungen (wie bereits erwähnt) nicht nur eine schnellere Wiederherstellung, sondern verhindern auch allzu starken Muskelkater.

Schwimmen
Schwimmen hat zum einen eine entspannende Wirkung auf den Bewegungsapparat, zum anderen fördert es den Lymphstrom und den venösen Rückstrom des Blutes. Jedoch sollte ein ermüdendes Schwimmen (Schwimmen auf Leistung) und ein Schwimmen bei Wassertemperaturen unter 26 ° Celsius vermieden werden.

Physiotherapeutische Maßnahmen

Massage
Bedingt durch unterschiedliche Zielstellungen werden verschiedene Massageformen praktiziert. Im Zusammenhang mit der Regeneration interessiert uns hier die Wiederherstellungsmassage und ihre Einwirkung auf Blut- und Lymphstrom sowie auf die Muskulatur. Die Wiederherstellungsmassage soll, ebenso wie schon das Auslaufen, einen beschleunigten Blut- und Flüssigkeitsumlauf und den damit verbundenen schnelleren Abtransport von Stoffwechselschlacken bzw. den intensiveren Gasaustausch bewirken sowie die Behebung von Verspannungen, Schmerzzuständen, Steifheit, Müdigkeit und Leistungsunfähigkeit unterstützen.
Die Wiederherstellungsmassage ist sowohl manuell wie auch mittels Vibrationsmassagegeräten möglich. Bei letzterer Methode ist der Effekt bezüglich Durchblutungserhöhung gegenüber der Handmassage bedeutend geringer. Da eine Durchblutungserhöhung und die damit verbundenen Effekte auch beim Aufwärmen angestrebt werden, kann eine Massage auch vor dem Krafttraining als Ergänzungsmaßnahme zur Aufwärmarbeit erfolgen.

Ernährungsphysiologische Maßnahmen

Hierbei handelt es sich in erster Linie um die entsprechende Zufuhr von Vitaminen, Elektrolyten, Kohlenhydraten und Eiweiß, um kurzfristig Mangelzustände abzustellen bzw. Energiedepots wieder aufzufüllen (s. folgendes).

Ernährung

Unter Ernährung versteht man die optimale Zufuhr der Nahrungsstoffe wie Eiweiß, Kohlenhydrate, Fett, Wasser, Vitamine und Mineralstoffe, um die Bedürfnisse des Körpers zu erfüllen. Die Vorgänge des Abbaues und der Umwandlung von

Substraten aus Nahrungsmitteln und Sauerstoff in Energien, neue Körperzellen, Hormone und Enzyme nennt man Stoffwechsel.
Grundsätzlich unterscheidet man zwischen einem Energie- und einem Baustoffwechsel. Aufgabe des Energiestoffwechsels ist es, die Energien bereitzustellen, die zur Erhaltung der Lebensfunktionen bzw. für alltägliche, berufliche und sportliche Aktivitäten erforderlich sind; Aufgabe des Baustoffwechsels ist dagegen der Aufbau neuer Körperzellen. Substrate des Energiestoffwechsels sind primär Kohlenhydrate und Fette; Eiweiß ist für die Energiegewinnung von zweitrangiger Bedeutung. Nur wenn dem Organismus nicht ausreichend Kohlenhydrate und Fette zur Verfügung stehen, greift er zur Ergänzung auch auf Eiweißstoffe zurück. Substrate des Baustoffwechsels sind die Eiweiße (Proteine). Da sie z. T. nicht umgewandelt werden können, wie z. B. Kohlenhydrate in Fette oder Fette in Kohlenhydrate, sind sie nicht ersetzbare Stoffe. Wie verschiedene Untersuchungen nachgewiesen haben, ermöglicht die dem Oragnismus durch Mischkost zugeführte Eiweißmenge von 1 g pro Körpergewicht und Tag keinen zusätzlichen Eiweißaufbau.

Eiweiß

Für ein effektives Krafttraining bezüglich Muskelaufbau ist es unbedingt erforderlich, dem Organismus neben einem erhöhten Eiweißangebot auch ein ausreichendes Angebot von Kohlenhydraten und Fetten zur Verfügung zu stellen, um die Energiebilanz ohne Verbrennung von Eiweiß auszugleichen, da das Eiweiß ja für den Zell- bzw. Muskelaufbau benötigt wird.
Unter einem erhöhten Eiweißangebot versteht sich sportartabhängig eine Zufuhr von 1,5 bis 2 g pro Körpergewicht und Tag. Wobei Sportler, deren Sportarten hohe Kraftanforderungen stellen (bedingt durch höhere Trainingsintensität und Trainingshäufigkeit) auch der höheren Eiweißzufuhr bedürfen. Der Mehrbedarf von 0,5 bis 1 g muß entweder durch zusätzliche eiweißreiche Nahrung wie Quark, Eier, Steaks usw. oder Eiweißkonzentrate gedeckt werden. Um den Verdauungsapparat zu entlasten, empfiehlt es sich jedoch, auf die von den Sportnahrungsmittelherstellern angebotenen Eiweißkonzentrate zurückzugreifen, da diese in der Regel alle zum Zell- bzw. Muskelaufbau erforderlichen Aminosäuren (Bausteine des Eiweißes) in optimalem Verhältnis aufweisen.
Die biologische Qualität des Eiweißes hängt von der Anzahl essentieller Aminosäuren ab, wie z. B. Glutamin, Isoleucin, Leucin, Lysin, Methionin, Phenylalanin, Threonin, Tryptophan und Valin.
Man unterscheidet zwischen tierischem und pflanzlichem Eiweiß. Für den Menschen ist tierisches Eiweiß

hochwertiger als pflanzliches. Setzt man die Wertigkeit des tierischen Eiweiß gleich 100 %, dann liegt grob gerechnet die Wertigkeit von Pflanzeneiweiß bei 50 %.
Bei der zusätzlichen Aufnahme von Eiweiß soll das Verhältnis von tierischem zu pflanzlichem Eiweiß 3 : 2, am besten jedoch 2 : 1 betragen, d. h. Konzentrate mit nur pflanzlichem oder tierischem Eiweiß sollten gemischt werden. Des weiteren sollte die zusätzliche Aufnahme von Eiweiß nicht erst nach, sondern auch schon vor dem Training erfolgen. Begründung: Die durch Training zerstörten Eiweißstrukturen werden nicht erst nach Beendigung, sondern schon während des Trainings erneuert. Dies setzt aber ein entsprechendes Eiweißangebot bereits vor dem Training voraus.
Wir warnen jedoch ausdrücklich vor einem Zuviel an Eiweißzufuhr (maximal 2 bis 2,5 g pro kg Körpergewicht), da der Organismus nur eine begrenzte Menge nutzbringend verarbeiten kann.
Die Stoffwechselvorgänge, die Umwandlung von Substraten in Energie, der Abbau von Schlackstoffen usw. werden durch Katalysatoren wie Vitamine und Enzyme beschleunigt. Die Katalysatoren, die dem Normalverbraucher durch Mischkost zugeführt werden, reichen in der Regel aus. Beim Sportler besteht jedoch aufgrund des höheren Stoffwechsels und der Wasserlöslichkeit einiger Vitamine (die mit dem Körperschweiß vermehrt ausgeschieden werden) ein Mehrbedarf an Katalysatoren.

Vitamine und Enzyme
Die in den Stoffwechsel eingreifenden Vitamine sind Vitamin A, E, B1, B2, B6, B12 und C. Für Krafttrainierende sind insbesondere die Vitamine B (B-Komplex) von Bedeutung; nicht zuletzt auch wegen ihres Einflusses auf das Nervensystem. Für eine bessere Eiweißverdauung und -verwertung sind die Enzyme Bromelaine und Pepsin wichtig.
Im Kraftsport werden zur Deckung des Mehrbedarfes an Vitaminen und Enzymen täglich eingenommen: 1 Kapsel Multivitamin, 1 Kapsel Vitamin-B-Komplex(forte) vor und nach dem Krafttraining sowie 1 Tablette Verdauungsenzyme.

Mineralstoffe
Als Aktivatoren für den Stoffwechsel, für die Funktion der Nervenzellen, für die Erregbarkeit von Muskeln, für den Knochenaufbau und das Verhindern von Muskelkrämpfen und -verletzungen sind die Mineralstoffe besonders wichtig.
Beim Krafttraining handelt es sich hierbei vor allem um Calcium, Kalium, Natrium und Magnesium. Zur Deckung des Mehrbedarfes (allein schon durch Schweißverlust) empfiehlt es sich, auf die von den Sportnahrungsmittelherstellern angebotenen Mineralstoffpräparate zurückzugreifen.

Trainingsausrüstung

Bekleidung

Die Durchführung eines richtigen Muskeltrainings erfordert auch eine praktische, sinnvolle Bekleidung. Zum *Aufwärmen* und in kühleren Zimmern bzw. Konditionsräumen und Kraftstudios sollte unbedingt über einem Baumwollpulli und einer kurzen Sporthose (vgl. die Abbildungen allgemein) ein Trainingsanzug angezogen werden (vgl. Abb. unten).
Eine geeignete Kleidung trägt mit dazu bei, die Leistungsfähigkeit zu erhalten, indem sie den Körper vor unerwünschten Wärmeverlusten schützt. Abhängig von der Höhe der Wärmeverluste können sich diese mehr oder weniger negativ auf die Elastizität und Dehnbarkeit der Muskulatur auswirken. Eine verminderte Elastizität und Dehnbarkeit der Muskulatur wiederum führt zu Leistungsabfall und Muskelverletzungen.
Andererseits soll die Kleidung bei hoher Lufttemperatur auch eine entsprechende Wärmeabgabe erlauben, da bekanntlich nicht nur Wärmeverlust, sondern auch Wärmestau zu einem Leistungsabfall führen können. Die unerwünschten Wärmeverluste bzw. die erforderliche Wärmeabgabe erfolgen von der Körperoberfläche durch Lei-

Trainingsbekleidung und Auswahl von freien Trainingsgeräten

tung, Strahlung und Verdunstung an die Umgebung. Ab 30° Lufttemperatur geschieht die Wärmeabgabe fast nur noch durch Schweißbildung und dessen Verdunstung. Diese Wärmeabgabe ist beim Krafttraining wegen der dabei an der Körperoberfläche entstehenden Verdunstungskälte unerwünscht, da diese die Leistungsfähigkeit der Oberflächenmuskulatur beinträchtigen und zu Muskelverletzungen führen kann. Eine saugfähige Kleidung trägt in diesem Fall durch Schweißaufnahme mit dazu bei, das Entstehen allzu großer Verdunstungskälte zu verhindern.
Die zum Krafttraining notwendige Kleidung besteht aus Trainingsanzug und Trikot bzw. Sporthose (nicht zu eng, nicht einschneidend) und T-Shirt. Bezüglich ihrer Eignung für das Krafttraining ist darauf zu achten, daß sie den oben angeführten Forderungen entspricht, d. h. daß Trikot bzw. Sporthose und T-Shirt zum größten Teil aus Baumwolle bestehen, aber auch Kunstfasern enthalten. Hierbei schützt die Kunstfaser vor Wärmeverlust, wogegen die Wolle aufgrund ihrer Luftdurchlässigkeit und Saugfähigkeit eine Wärmeabgabe und Schweißaufnahme erlaubt.
Abhängig von der Zielstellung können Kraftübungen liegend, sitzend und in aufrechter Körperhaltung durchgeführt werden. Ist eine aufrechte Körperhaltung erforderlich, erfolgt die Kraftübertragung zum Boden über die Füße. Um eine optimale Kraftübertragung zu erzielen bzw. um Fußschäden vorzubeugen, empfiehlt sich beim Krafttraining das Tragen von festen Sportschuhen und für Leistungssportler eventuell sogar von Gewichtheberschuhen. Die momentan im Handel erhältlichen Gewichtheberschuhe werden in der Regel durch hohe Standfestigkeit, Fersen- und Zungenpolsterung, Fußbett, Ristriemen usw. den Anforderungen bezüglich optimaler Kraftübertragung und Verhütung von Fußschäden gerecht.

Trainingsgeräte

Wie aus unseren theoretischen Überlegungen und praktischen Programmen ersichtlich ist, kann ein richtiges Muskeltraining nur mit exakten Gewichten und progressiven Belastungen erzielt werden. Diese der momentanen Kraftleistungsfähigkeit stets angepaßten Gewichtsbelastungen werden für alle Muskeltrainings-Anwendungsbereiche am vorteilhaftesten mit (je nach Notwendigkeit) folgenden freien Trainingsgeräten und Gewichten erzielt (vgl. Abb. S. 43):
- Mehrzweckbank;
- Langhantel mit Scheiben bis ca. 120/150 kg;
- 2 Kurzhanteln mit folgenden Scheiben:
  2 × 0,5 kg, 2 × 1,25 kg,
  2 × 2,0 kg, 2 × 5 kg;

– günstig sind natürlich auch fest installierte Krafttrainingsmaschinen, Schrägbrett u. ä.;

– außerdem können noch Sandsäcke, Hallenkugeln u. a. Kleingeräte verwendet werden.

Beispiel für Krafttrainingsmaschinen

Trainingsprogramme

Programmübersicht

In diesem Kapitel werden 9 ausgewählte Programme zum Muskeltraining vorgestellt, die alle bereits längere Zeit praktisch erprobt wurden und nach den bisherigen Erfahrungen zu den beabsichtigten Erfolgen führten. Die Programme, die auch nur als Vorschläge betrachtet und somit von jedem einzelnen individuell verändert werden können, gliedern sich in 2 Gruppen:

1. Programme für Gesundheit, gute Figur und Grundlagentraining
- Programm für Gesundheit und gute Figur,
- Fitneß- und Grundlagenprogramm für Erwachsene (alle Sportarten),
- Grundlagenprogramm für 8- bis 13jährige Kinder,
- Grundlagenprogramm für 13- bis 18jährige Jugendliche.

Mit diesen Programmen werden in erster Linie *gesundheitliche und figürliche Aspekte* verfolgt; außerdem kann hiermit jedermann im Alter zwischen 8 und 80 Jahren sich die notwendige *Muskelkraftbasis* erarbeiten.

2. Programme für Freizeit- und Leistungssport
- Allgemeines Leistungssportprogramm für alle Sportarten,
- Programm für Tennisspieler,
- Programm für Surfer,
- Programm für alpine Skifahrer,
- Programm für Skilangläufer.

Hier finden Sie 4 Programme für Sportarten, die sowohl im *Freizeit-* als auch im *Leistungssport* viel betrieben werden (Tennis, Surfen, Ski alpin, Skilanglauf).
Das allgemeine Leistungssportprogramm kann von allen anderen hier nicht aufgeführten Sportarten als erweitertes Basis- und Leistungstraining angewendet werden. Hierbei muß dann lediglich eine Auswahl auf die von der jeweiligen Sportart (-disziplin) geforderten Muskelgruppen bzw. deren Übungen getroffen werden.

Programmerklärung

Alle nachstehenden Programme sind nach folgenden Gesichtspunkten dargestellt und aufgebaut:
- Thematische Charakterisierung,
- wichtige Muskelgruppen und deren Funktionen,
- Übungsprogramm-Darstellung,
- Bild-Darstellungen.

Thematische Charakterisierung

Jedes Programm wird mit einer Charakterisierung eingeleitet, aus der die besondere Situation, die Gegebenheiten und Notwendigkeiten der betreffenden Zielgruppe (für die das Programm gelten soll, z. B. Kinder, Surfer usw.) zu erfahren sind. Hier werden also Hinweise gegeben, die in den vorhergehenden Kapiteln des Buches nicht zu finden sind.

Muskeln und Funktionen

Im Anschluß an die allgemeine Beschreibung findet sich eine gezeichnete Muskeldarstellung, aus der die für das betreffende Thema wichtigsten Muskeln erkennbar sind.
In einer tabellarischen Übersicht sind diese Muskeln bzw. Muskelgruppen hinsichtlich ihrer besonderen Funktion nochmals aufgeführt, wobei es sich jeweils nur um eine Auswahl von Muskeln handelt. Diese Auswahl orientiert sich nach den Gesichtspunkten

- der Hauptfunktionstätigkeit der Muskeln,
- der Wirbelsäulenentlastung und
- der Gelenksicherung.

Die Übungsprogramme

Die Übungsprogramme sind so aufgebaut und dargestellt, daß aus ihnen folgende Aspekte und Anwendungsmöglichkeiten ersichtlich sind:

- In der linken Spalte ist jeweils der zu trainierende Muskelbereich angegeben. Bei den 4 Sportart-Programmen sind zusätzlich die Bewegungsaktionen kurz vermerkt.
- In der zweiten Spalte werden die Übungen hierzu genannt, wobei immer mehrere zur Auswahl aufgeführt werden.
- Das zu den Übungen zugehörige Bild ist in der dritten Spalte mit einer Nummer angegeben.
- In den Zahlenspalten finden sich: in der oberen Reihe die Trainingswochen; in den senkrechten Spalten bedeuten die oberen Ziffern die Anzahl der Übungswiederholungen und die unteren die Sätze.

Übungswiederholungen, Sätze und Pausen

Die Zahl 10 als *Übungswiederholung* bedeutet z. B., daß die betreffende Übung ohne Pausen langsam 10mal hintereinander durchgeführt werden soll.
Diese 10er-Wiederholung ist gleichsam *ein* Satz (man sagt auch Serie). Nach einem Satz werden 1 bis 3 Minuten *Pause* eingehalten – wobei in dieser Zeit Dehnübungen absolviert werden sollten! Im Anschluß an die Pause folgt der zweite Satz (später dritte usw.) derselben Übung. Also immer erst eine Übung mit allen angegebenen Sätzen trainieren.

Übungszahl und Trainingshäufigkeit
In ein normales Programm nimmt man 6 bis 10 Übungen auf. Will man beispielsweise anfangs 3 Muskelbereiche trainieren (z. B. Hüfte/Beine – Rumpf – Schultergürtel), so wählt man sich für jeden Bereich 2 Übungen aus. In der nächsten Trainingsstunde (= Trainingseinheit) kann man für die einzelnen Bereiche jeweils 2 andere Übungen heranziehen.
Es empfiehlt sich anfangs, 2- bis 3mal pro Woche zu trainieren. Ab ca. 6 bis 8 Wochen kann zur Steigerung auch 3- bis 5mal pro Woche trainiert werden.

Belastungssteigerungen
Nach den Gesetzmäßigkeiten der biologischen Anpassung sind Belastungssteigerungen notwendig (vgl. S. 26 bis 28). Wie aus den Programmen ersichtlich ist, werden diese Belastungssteigerungen folgendermaßen gehandhabt:

- Zunächst von einer Woche zur anderen durch die Erhöhung der *Wiederholungszahlen* der Übungen;
- dann über die Erhöhung der *Satzzahlen;*
- eventuell werden die Übungen des Programmes ab 7. Woche mit *Zusatzlasten* (z. B. Kurzhanteln) durchgeführt.

Höhe der Zusatzgewichte
Das Gewicht der Zusatzlasten (meist Kurzhanteln) ist so zu wählen, daß 8 bis 12/15 Wiederholungen im zuletzt angegebenen Satz noch möglich sind (das entspricht etwa einer 60- bis 40 %igen Belastung). Sind 8 Wiederholungen nicht möglich, ist das Gewicht zu schwer.
Bei Wiederholungszahlen über 12 (z. B. 20) sollten diese gerade noch bewältigt werden.
Die Gewichte müssen folglich stets dem erreichten Leistungszustand angepaßt werden, in der Regel also etwa alle 2 bis 3 Wochen erhöht werden.

Weitere Steigerungen
Ist beispielsweise das hier vorgeschlagene Programm nur mit 10 Wochen angegeben, kann ab 11. Woche wie folgt gesteigert bzw. variiert werden:
- Satzzahl wie Woche 7 und
- Wiederholungszahl um 3 bis 5 erhöht.

Damit ergibt sich zunächst in den ersten 2 Wochen eine gewisse Erholungsphase, die nach einer bestimmten Wochenanzahl – z. B. von 10 – auch notwendig ist.
In den folgenden Wochen findet dann durch die Erhöhung der Satzzahlen wieder eine erneute Belastungssteigerung statt.

Programme für Gesundheit, gute Figur und Grundlagentraining

Programm für Gesundheit und gute Figur

Thematische Charakterisierung

Gesundheit läßt sich als eine Vielzahl von Regelvorgängen begreifen, die einzeln, aber gleichzeitig auch in Abstimmung aufeinander in einem stabilen Bereich ausgeführt werden.
Bei Unter- oder Überforderung werden ein oder mehrere Regelvorgänge aus diesem stabilen Bereich herausgeführt: der Mensch wird krank. Obwohl es bis heute nicht möglich ist, die Ursachen sog. Zivilisationskrankheiten letztlich schlüssig zu erklären, kann man doch auf die *prophylaktische Wirkung* körperlichen Trainings hinweisen. Als besonders günstig erweist sich in diesem Sinne ein regelmäßiges Training (ca. 2mal pro Woche), das durch dynamische Bewegungsabläufe charakterisiert ist, die unter Einbeziehung möglichst vieler Muskeln, aber mit niedriger Belastungsintensität in großer Wiederholungszahl absolviert werden sollten. Beispielhaft erfüllt werden können diese Forderungen insbesondere beim Laufen, Radfahren, Schwimmen und Muskeltraining. Um zu verhindern, daß diese Formen körperlicher Aktivität, deren erklärtes Ziel die Harmonisierung genannter Regelkreise ist, zu einer Überforderung führen, müssen einige wesentliche Punkte beachtet werden.
Diese betreffen vornehmlich die Gestaltung von Dauer und Intensität der Übungsausführung und zielen damit in erster Linie auf eine adäquate Beanspruchung des Herz-Kreislauf-Systems, der Muskulatur und der Stoffwechselvorgänge ab, deren Leistungsfähigkeit optimiert werden soll. Die Leistungsfähigkeit des aktiven Bewegungsapparates (Skelettmuskulatur) meint man parallel mitsteigern zu können – vergessen wird dabei, daß die Muskulatur nicht nur »bewegende« Funktion, sondern auch »haltende« Funktion hat. Und dieser Aufgabe muß die Muskulatur von der ersten Trainingsstunde an unbedingt gerecht werden, wenn es nicht zu einer Fehl- oder Überbelastung des passiven Bewegungsapparates (Knochen, Bänder, Gelenke) kommen soll.
Um der Muskulatur ihre Aufgabe zu erleichtern, ist es von entscheidender Bedeutung, sich um eine *einwandfreie Bewegungsausführung* zu bemühen. Auch augenscheinlich einfache Bewegungen wie Laufen müssen geschult werden.
Selbst Spitzensportler opfern viele Trainingsstunden ausschließlich der Technikschulung. Allerdings ist zu bedenken, daß beim breitensportorientierten Sportler die Ursache für ungünstige, den passiven Bewegungsapparat unnötig belastende

Techniken vor allem in Schwächen der Haltemuskulatur liegen. Dies wirkt sich z. B. auf die Stellung des Beckens gegenüber der Wirbelsäule und der Fuß- und Beinhaltung aus. Das Becken kippt vor, die Wirbelsäule kommt in eine (für die Bandscheiben besonders ungünstige) Hohlkreuzstellung, das Kniegelenk weicht nach innen aus, das Fußskelett kann seiner Funktion des federnden Abfangens nicht nachkommen.

Hinweise auf Beckenstellung, Beinführung und Fußhaltung genügen nicht, schon nach wenigen Schritten wird der Sportler wieder in die alte Haltung zurückfallen, wenn das Kraftniveau der hier geforderten Muskelgruppen nicht ausreicht, die erforderliche (Halte-)Arbeit für den Zeitraum der Belastung (z. B. 20 Minuten Waldlauf) zu erbringen. Über den gesundheitlichen Aspekt hinaus kann mit der Ausübung sportlicher Aktivität auch die Zielsetzung auf das *äußere Erscheinungsbild des Körpers* gerichtet sein.

Begriffe wie »gute Figur« und »schöner Körper« drängen sich auf, wobei weniger Geschmacksfragen diskutiert werden sollen. Ein »schöner« Körper muß so gestaltet sein, daß er den überaus vielfältigen und verschiedenartigen Anforderungen menschlichen Lebens gerecht wird.

Das bedeutet (auch im Sinne der antiken Körperbildung) umfassende Arbeit auf vielen körperbildenden Gebieten, bleibt dabei aber durchaus in naher Nachbarschaft zur Zielrichtung des »gesunden Körpers«.

Steht im Krafttrainingsprogramm für »gesund« im Zentrum des Interesses, diejenigen Muskelgruppen zu kräftigen, die Haltefunktion im Bereich der großen Gelenke haben, so wird bei »schön« die harmonische Gestaltung auch derjenigen Muskelgruppen angesprochen, die vornehmlich als Funktionsmuskulatur in vielfältigen Bewegungsabläufen zum Einsatz kommt.

Das Übungsprogramm ist nicht primär auf die Auslösung einer Hypertrophie ausgerichtet (vgl. Bodybuildingsprogramm), erzielt aber eine hervorhebende Wirkung des Muskelprofils durch Reduzierung des Unterhautfettgewebes.

Die dynamische Arbeitsweise der Muskulatur im Bereich der Extremitäten wirkt im Sinne der die Venen unterstützenden Muskelpumpe, die besondere Bedeutung für den Rücktransport von Gewebsflüssigkeit in die Blutbahn hat, was vordergründig dem Aussehen besonders aber der Funktionsfähigkeit und damit der Gesundheit dient. Zum Erreichen der *Zielstellung »gute Figur«* ist, abhängig von Körperform, Körpergewicht und Leistungszustand, ein 3- bis 4maliges Training pro Woche mit 3 bis 5 Sätzen à 20 bis 25 Wiederholungen erforderlich. Bei Ganzkörperübungen und Übun-

gen mit hohen Körpergewichtsanteilen sind die Wiederholungszahlen reduziert.
Um den Trainingseinstieg z. B. für die bis dato mit dem Sport noch nicht in Berührung gekommene Hausfrau zu erleichtern bzw. interessanter zu gestalten, werden im Gegensatz zu anderen Programmen pro Muskelbereich die doppelte Anzahl von Übungen zur Auswahl angeboten. Dies ist zu vertreten, da bei der Zielstellung »gute Figur« die Straffung des Körpergewebes und der Abbau von Fett im Vordergrund stehen und nicht der Kraftzuwachs. Dies ist nur durch eine Vielzahl von Wiederholungen (hoher Kalorienverbrauch) zu erreichen. Dabei ist es nicht erforderlich, daß die Übungen immer die gleiche Muskulatur ansprechen, wie es bei Maßnahmen zur Kraftsteigerung unbedingt notwendig ist.

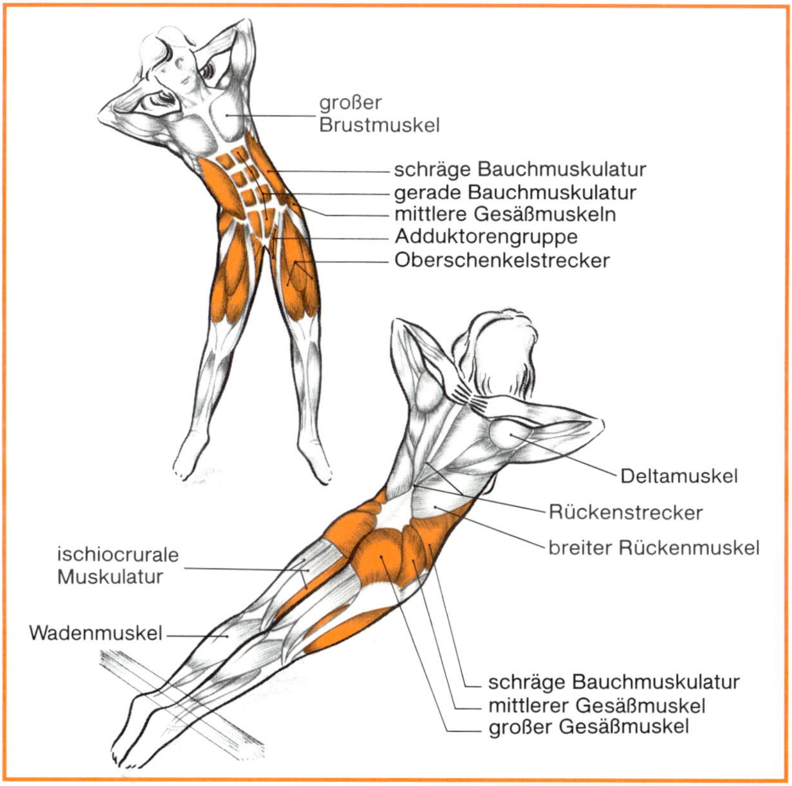

Spezifischer Einsatz und besondere Funktion der beanspruchten Muskulatur

Muskeln	Bewegungsmöglichkeit in Beziehung zur Gelenkachse	Hauptfunktion im typischen Bewegungsablauf	wichtige Nebenfunktionen	Hilfsmuskeln
Gerade Bauchmuskulatur (M. rectus abd.) Schräge Bauchmuskulatur (Mm. obliqui abd.) Rückenstrecker (M. erector spinae) Großer Gesäßmuskel (M. glutaeus max.)	Rumpfbeugen Rumpfbeugen/-drehen } Rumpf-fixieren Rückenstrecken } Hüftstrecken }	Körperspannung Körperzusammenschluß		Schultergürtelmuskulatur
Kleine Glutaen (Mm. glutaei med. et min.) Adduktorengruppe (Mm. adductores)	Abduktion im Hüftgelenk Adduktion der Beine, Innenrotation	Hüfte halten Oberschenkelstatik, Stützphase beim Gehen, Laufen, Springen, Hüpfen, Steigen	Körperzusammen schluß-	Rumpfmuskulatur
Kniegelenkstrecker (M. quadriceps fem.)	Strecken des Kniegelenkes	Abdruck beim Gehen, Laufen	Kniestabilisierung	Mm. ischiocrurales
Unterschenkelmuskulatur (M. gastrocnemius, Mm. peronei, M. tibialis ant.)	Bewegung im oberen und unteren-Sprunggelenk	Sichern des Fußes (insbesondere des unteren Sprunggelenkes) bei Belastung	korrekte Fußhaltung	tiefe Unterschenkelmuskulatur

Einführungsprogramm für Gesundheit und gute Figur (1. bis 6. Woche, ohne Geräte)

Muskelbereich	Übung	Bild-Nr.	Trainingswoche					
			1.	2.	3.	4.	5.	6.
Hüfte Beine	Beinstrecken	1	10 2	15 2	10 3	10–15 3–4	15 4	15 4
	Beinbeugen	2	20	25	20	20–25	25	25
	Beinheben (seitl.)	3	15	20	15	15–20	20	20
	Beinschere (rückwärts)	4	10	15	10	10–15	15	15
	Beinheben	5	10	15	10	10–15	15	15
	Beinstrecken beidseitig	6	20	25	20	20–25	25	30
	Kniebeugen, Hocke	7	8	10	8	8–10	10	10
	Kniebeugen, Ausfall	8	6	8	6	6–8	8	8
Rumpf Hüfte	Große Mühle	9	10	15	10	10–15	15	15
	Beinschere (vertikal)	10	10	15	10	10–15	15	15
	Rumpfseitbeuge	11	10	15	10	10–15	15	15
	Beinkreisen	12	8	10	8	8–10	10	10
	Rumpfdrehen	13	20	25	20	20–25	25	30
	Sit-ups	14	8	10	8	8–10	10	10
	Rumpfaufrichten	15	20	20	15	15–20	20	25
	Sit-ups kurz	16	8	10	8	8–10	10	10
Rumpf Schultergürtel und Arme	Nackenrollen	17	8	10	8	8–10	10	10
	Armkreisen	18	20	25	20	20–25	25	25
	Dips, einfach	19	8	10	8	8–10	10	10
	Schulterheben	20	25	30	25	25–30	35	40
	Dips, gestreckt	21	6	8	6	6–8	8	8
	Hüftheben, einfach	22	20	25	20	20–25	25	25
	Knieliegestütz	23	10	15	10	10–15	15	15
	Hüftheben	24	10	15	10	10–15	15	15

Pro Muskelbereich sind 8 Übungen aufgeführt, von denen je 2 pro Einheit zu trainieren sind. Beispiel:

1. Einheit
Beinstrecken, Beinbeugen, große Mühle, Beinschere (vertikal), Nackenrollen, Armkreisen

2. Einheit
Beinheben (seitlich), Beinschere (rückwärts), Rumpfseitbeuge, Beinkreisen, Dips (einfach), Schulterheben

Fortsetzungsprogramm für Gesundheit und gute Figur
(7. bis 10. Woche, mit Kurzhanteln)

* ohne Kurzhanteln

Muskelbereich	Übung	Bild Nr.	Trainingswoche			
			7.	8.	9.	10.
Hüfte Beine	Kniebeugen	25	8 3	8 3–4	10 4	10 4–5
	Beinspreizen und -schließen*	26	20 3	20 3–4	25 4	30 4–5
	Ausfallkniebeuge	27	6 3	6 3–4	8 4	8 4–5
	Beinheben (seitlich)*	3	15 3	15 3–4	20 4	20 4–5
Bauch Hüfte	Sit-ups*	14	10 3	10 3–4	12 4	12 4–5
	Beinheben*	28	12 3	12 3–4	15 4	15 4–5
Rücken	Hüftheben*	22	20 3	20 3–4	25 4	30 4–5
	Rumpfaufrichten	29	15 3	15 3–4	20 4	20 4–5
Schultergürtel Arme	Armseitheben	30	20 3	20 3–4	25 4	30 4–5
	Butterfly	31	20 3	20 3–4	25 4	30 4–5
	Armseitheben (vorgebeugt)	32	20 3	20 3–4	25 4	30 4–5
	Pullover	33	20 3	20 3–4	25 4	30 4–5

Fortsetzungsprogramm für Gesundheit und gute Figur
(7. bis 10. Woche, mit Kurzhanteln)

Muskel-bereich	Übung	Bild Nr.	Trainingswoche			
			7.	8.	9.	10.
Arme	Armstrecken	34	20 3	20 3–4	25 4	30 4–5
	Armbeugen (zusammen)	35	20 3	20 3–4	25 4	30 4–5
	Armstrecken (vorgebeugt)	36	20 3	20 3–4	25 4	30 4–5
	Armbeugen (wechselseitig)	37	20 3	20 3–4	25 4	30 4–5

Pro Muskelbereich sind 4 bzw. 2 Übungen aufgeführt, die abwechselnd zu trainieren sind. Beispiel:

1. Einheit
Kniebeugen, Sit-ups, Hüftheben, Armseitheben, Armstrecken

2. Einheit
Beinspreizen u. -schließen, Beinheben, Rumpfaufrichten, Butterfly, Armbeugen

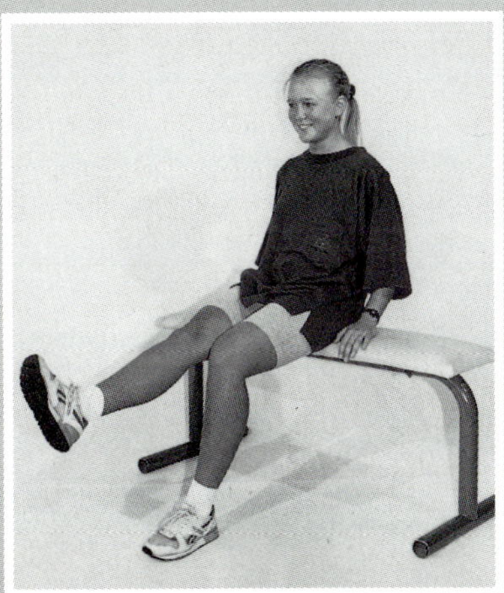

1

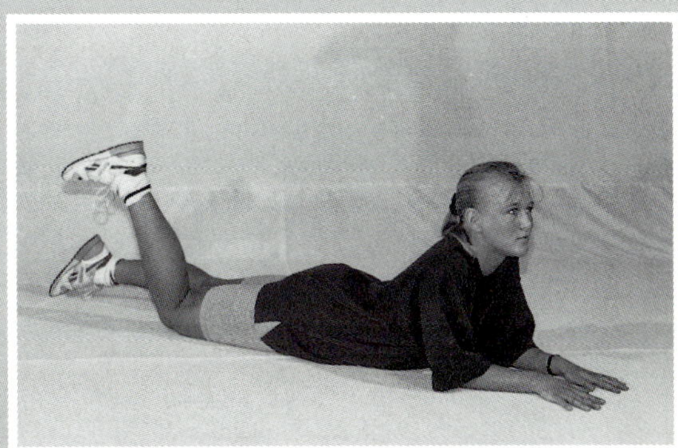

2

3

4

5

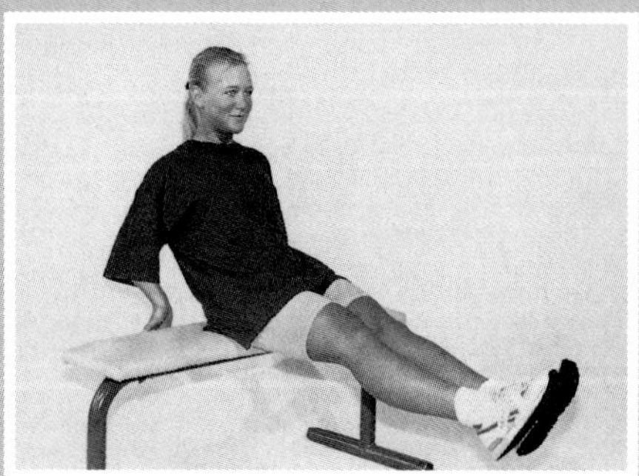
6

7

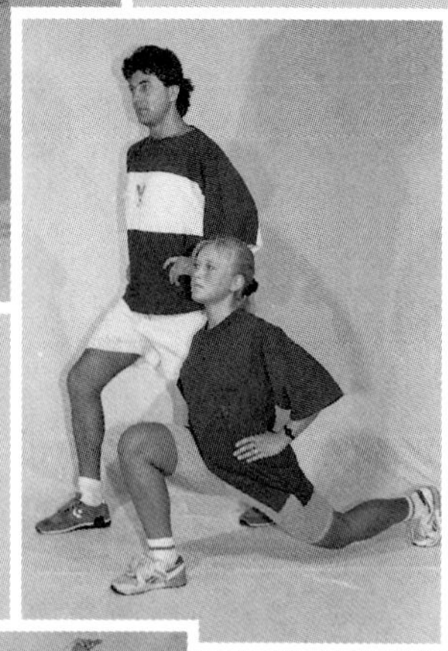
8

9

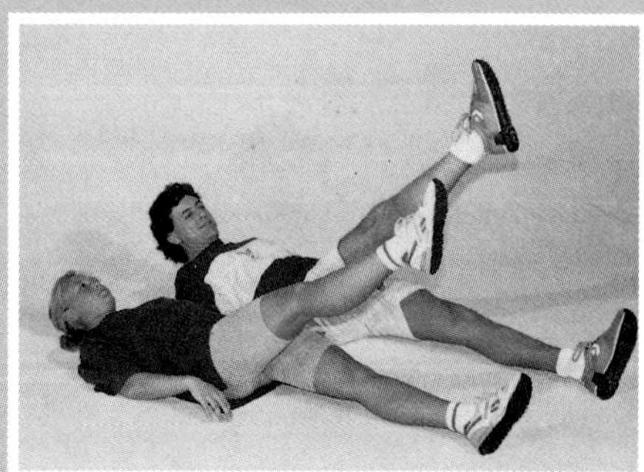
10

11

12

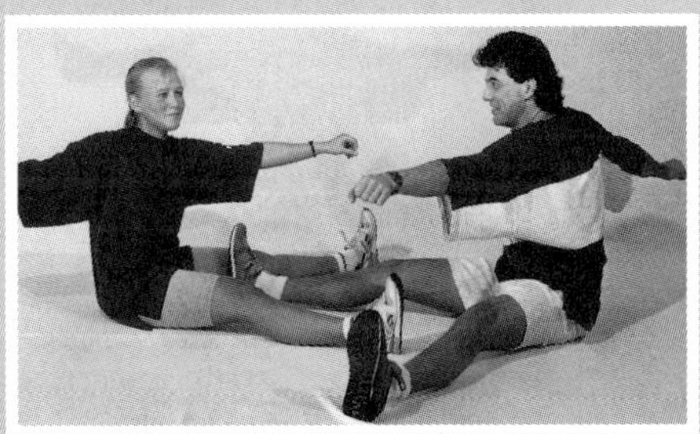
13

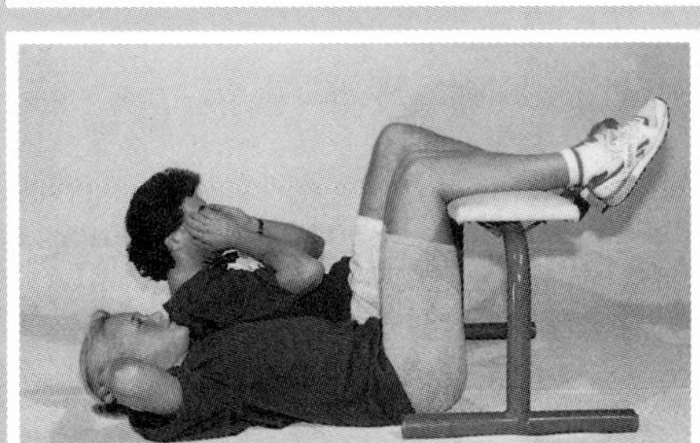
14

15

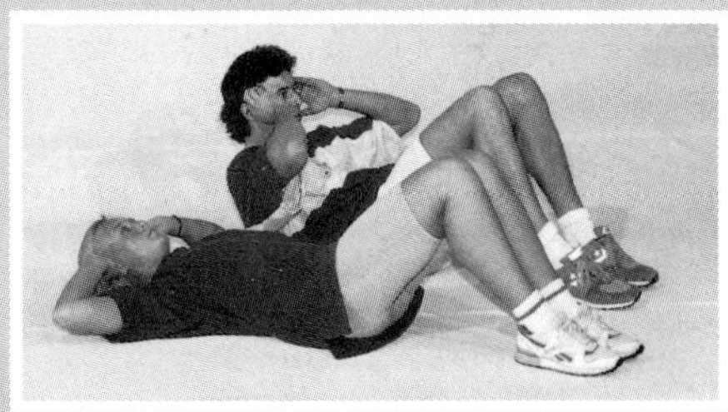
16

17

18

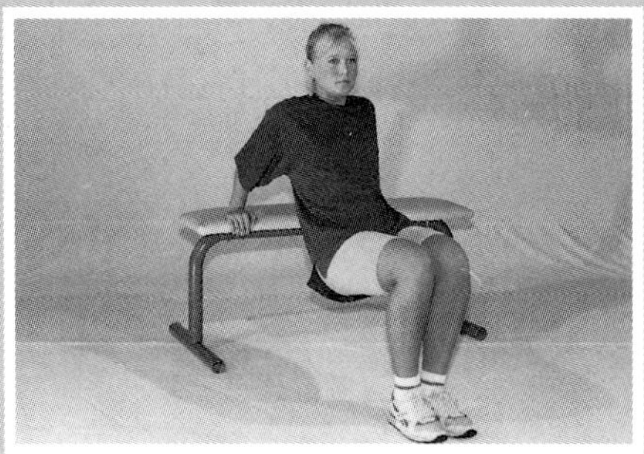

19

23

20

24

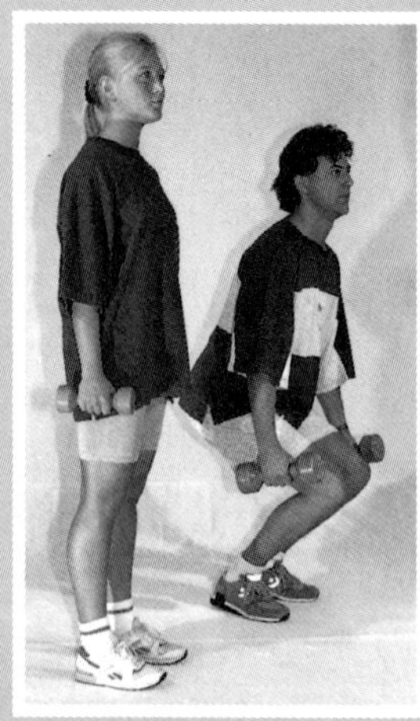

25

21

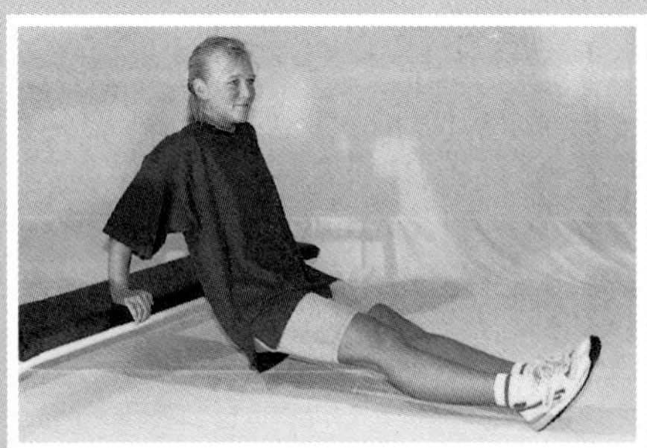

26

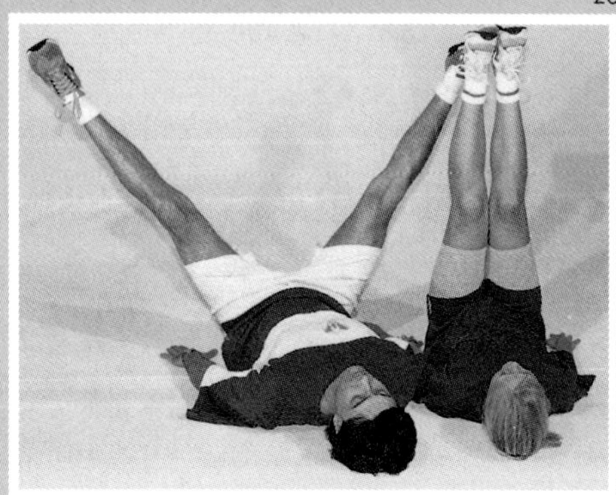

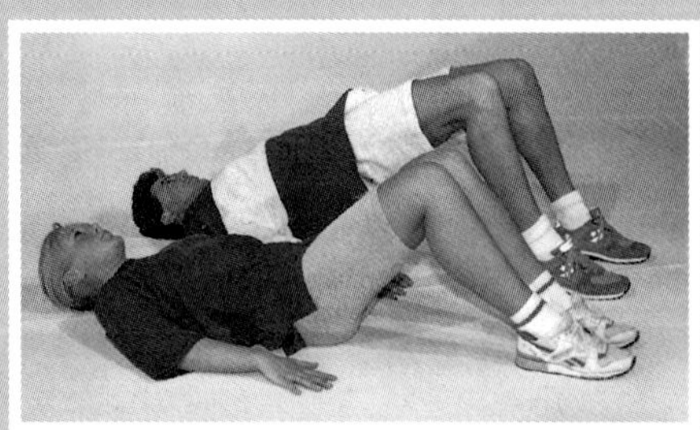

22

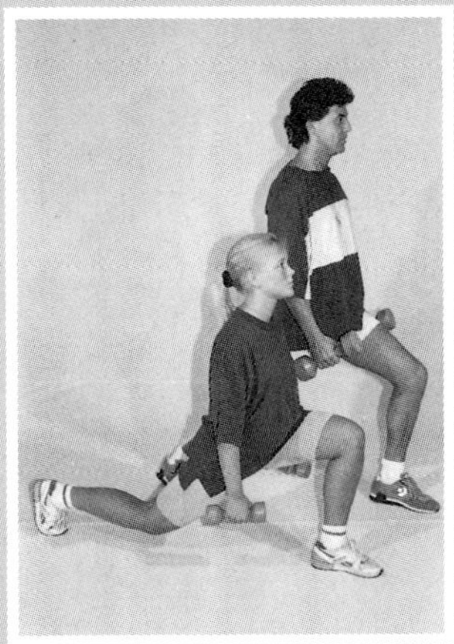

27

30

31

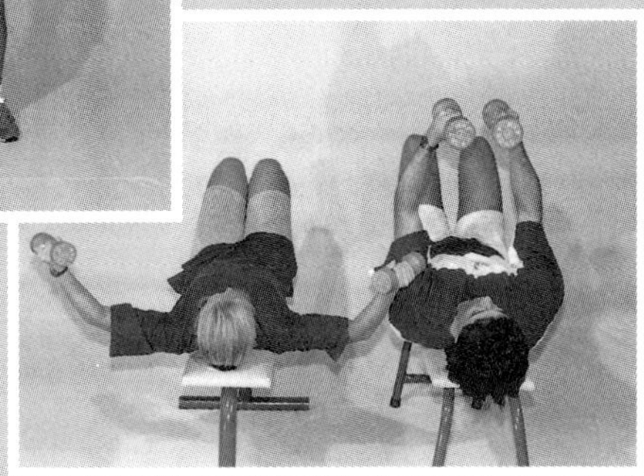

28

32

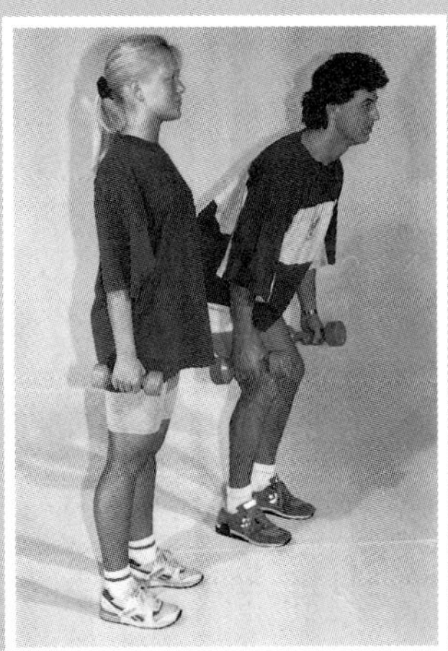

29

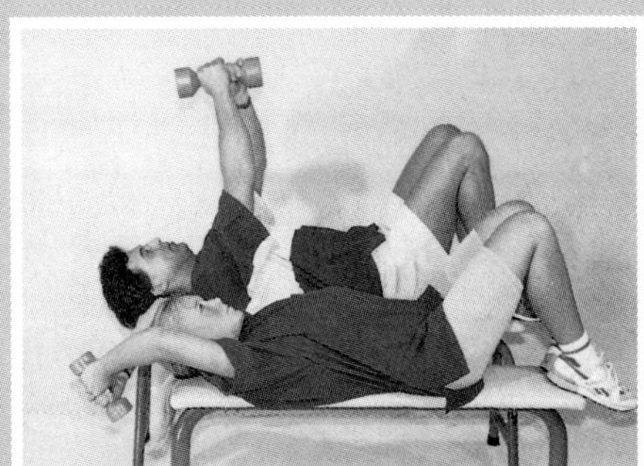

33

34

35

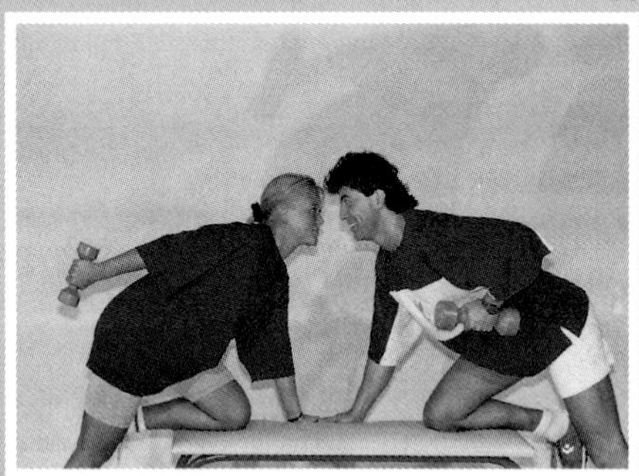

36

37

Fitneß- und Grundlagenprogramm für Erwachsene

Thematische Charakterisierung

Leistungsfähigkeit für Erwachsene ist zu verstehen als Ausdruck des Vermögens, beruflichen und persönlichen Belastungen ohne Gesundheitsgefährdung zu begegnen (bzw. sie zu bewältigen).

Damit stellt die Leistungsfähigkeit ein Mittel zum Zweck dar – Bewältigung der Lebensaufgabe.
Um das erforderliche Leistungsniveau zu »erarbeiten« oder zu halten, werden vom Erwachsenen die unterschiedlichsten Sportarten betrieben. In den seltensten Fällen werden die Techniken perfekt beherrscht. Um aber bestimmte Bewe-

gungselemente, die einzeln, in Kombination, evtl. mit geringfügigen Varianten immer wiederkehren, ausführen zu können – man denke an Wurf-, Stoß-, Zugbewegungen, Beugen, Verwringen, Abdruckphasen –, sind die von uns aufgeführten Muskelpartien (s. S. 62) in einen möglichst guten Leistungszustand zu bringen.

Hier kommt insbesondere die Funktion der Muskulatur zur *Sicherung der Gelenke* zum Tragen. Es leuchtet daher ein, daß die genannten Muskelpartien so früh wie möglich gekräftigt werden müssen, da sonst Gelenkkomponenten (Bänder, Knorpel) der Gefahr oder Schädigung ausgesetzt werden. Dies um so mehr, da der angesprochene Sportlerkreis sich insbesondere dadurch auszeichnet, saisongebunden besonders sportlich aktiv zu werden: Nur 14 Tage Skiurlaub im Jahr – da muß jede Minute genutzt werden! Am Wochenende Tennis total! Im Kompaktkurs Surfen – von der Gleichgewichtsübung bis zum Beach-Start! Die Schäden am passiven Bewegungsapparat (Knochen, Bänder, Gelenke) mögen zunächst nur Mikrotraumen darstellen, die der Sportler möglicherweise nicht einmal wahrnimmt. Da die Regeneration der bradytrophen Gewebe aber unverhältnismäßig lange dauert (Knorpelschäden z. B. bis zu einem Jahr, vorausgesetzt die schädigenden Einflüsse werden ausgeschaltet), kommt es leicht zu einer Aufsummierung, was Gegner körperlicher Aktivität zu spöttischen Bemerkungen wie »Sport ist ja so gesund!« hinreißen läßt.
Man muß sich darüber klar sein, daß kaum eine der vielen praktizierten Sportarten dazu geeignet ist, diejenigen Muskelgruppen aufzubauen, die gelenksichernde Funktion haben. Ein gewisses Kraftniveau – und das liegt höher als das Kraftniveau des untrainierten 20jährigen (!) – wird schlichtweg für viele Sportbegeisterte fatalerweise vorausgesetzt.
Glücklicherweise kann das Kraftniveau erarbeitet werden, wobei als Basis für einen gezielten Muskelaufbau bereits ca. 12 Wochen ausreichend sind, und anschließend mit individuellen Steigerungen (entweder der Wiederholungs- oder der Satzzahlen) der Leistungszustand erhöht bzw. zumindest erhalten werden kann.

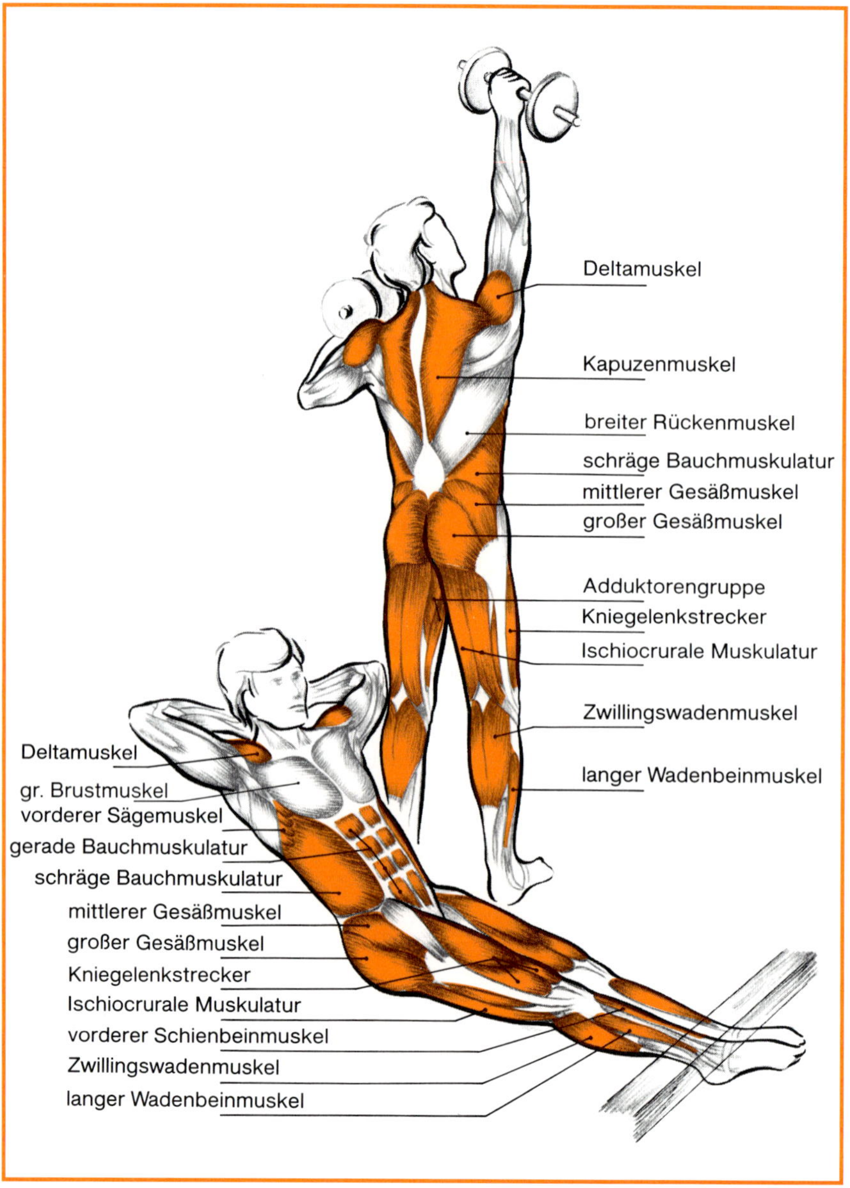
Deltamuskel
Kapuzenmuskel
breiter Rückenmuskel
schräge Bauchmuskulatur
mittlerer Gesäßmuskel
großer Gesäßmuskel
Adduktorengruppe
Kniegelenkstrecker
Ischiocrurale Muskulatur
Zwillingswadenmuskel
langer Wadenbeinmuskel
Deltamuskel
gr. Brustmuskel
vorderer Sägemuskel
gerade Bauchmuskulatur
schräge Bauchmuskulatur
mittlerer Gesäßmuskel
großer Gesäßmuskel
Kniegelenkstrecker
Ischiocrurale Muskulatur
vorderer Schienbeinmuskel
Zwillingswadenmuskel
langer Wadenbeinmuskel

Spezifischer Einsatz und besondere Funktion der beanspruchten Muskulatur

Muskeln	Bewegungsmöglichkeit in Beziehung zur Gelenkachse	Hauptfunktion im typischen Bewegungsablauf	wichtige Nebenfunktionen	Hilfsmuskeln
Rumpfmuskulatur (M. rectus abd., Mm. obliqui abd., M. erector spinae)	Rumpfbeugen, Rumpfstrecken, Rumpfdrehen	Haltung, Vermeiden von Fehlbelastung der Wirbelsäule/ Bandscheiben	Unterstützung der Rumpfhaltung durch Kontrolle der Schulter- u. Beckenhaltung	Schultergürtel- u. Hüftmuskulatur
Schultergürtelmuskulatur (M. trapezius, M. serratus ant.)	Anheben, Senken, Zurücknehmen der Schultern	Stützen, Heben, Vermeiden von Fehlbelastung der HWS, BWS u. Schultergelenke bei schnellkräftigem Armeinsatz	Fixierungsmöglichkeiten des Rumpfskeletts, Anheben des Armes über die Horizontale hinaus	Schultermuskulatur
Hüftmuskulatur (Mm. glutaei, M. iliopsoas u. a.)	Bewegungen der Beine gegenüber dem Rumpf, bzw. des Beckens gegenüber den Beinen	korrekte Beckenstellung im Bewegungsablauf	Körperzusammenschluß	Rumpfmuskulatur
Oberschenkelmuskulatur (Mm. adductores, Mm. ischiocrurales, M. quadriceps fem.)	Strecken, Beugen, Innen- und Außenrotation im Kniegelenk	korrekte Kniehaltung	achsengerechte Beinbelastung	Unterschenkelmuskulatur
Unterschenkelmuskeln (M. gastrocnemius, Mm. peronei, M. tibialis ant.)	Beugen u. Strecken im oberen Sprunggelenk, Pronation u. Supination im unteren Sprunggelenk	Gehen, Laufen, Springen	Sicherung d. Sprunggelenke, Ausbalancieren des Körpers	tiefe Unterschenkelmuskulatur

Grundlagen- bzw. Fitneßprogramm für 1. bis 4. Woche (ohne Geräte)

Muskelbereich	Übung	Bild Nr.	Trainingswoche 1.	2.	3.	4.
Komplex (primär: Schulter/Arme)	Liegestütz	1	8 2	10 3	8 4	10 4
Hüfte/Beine	Kniebeugen	2	15 2	20 3	15 4	20 4
Bauch/Hüfte	Sit-ups (Crunch)	3	8 2	10 3	8 4	10 4
Rücken	Hüftheben	4	8 2	10 3	8 4	10 4
Beine/Hüfte	Beinheben (seitlich)	5	8 2	10 3	8 4	10 4

Grundlagen- bzw. Fitneßprogramm für 5. bis 12. Woche (mit Gewichten)

Muskelbereich	Übung	Bild Nr.	Trainingswoche 5. 6. 7. 8.	9. 10. 11. 12.
Hüfte/Beine	Kniebeugen	6	jeweils 8–12 für alle Wochen 3 4 5 5	ab 9. Woche: Steigerung durch Erhöhung der Intensität, d. h. der Hantelbelastung
Brust/Delta	Butterfly	7	jeweils 8–12 3 4 5 5	
Schultergürtel	Armheben (seitwärts)	8	jeweils 8–12 3 4 5 5	
Bauch/Hüfte	Sit-ups	9	8 8 8 10 3 4 5 5	
Rücken	Rumpfaufrichten	10	jeweils 12 3 4 5 5	
Bizeps	Armbeugen (zusammen)	11	jeweils 8–12 3 4 5 5	
Trizeps	Armstrecken	12	jeweils 12 3 4 5 5	

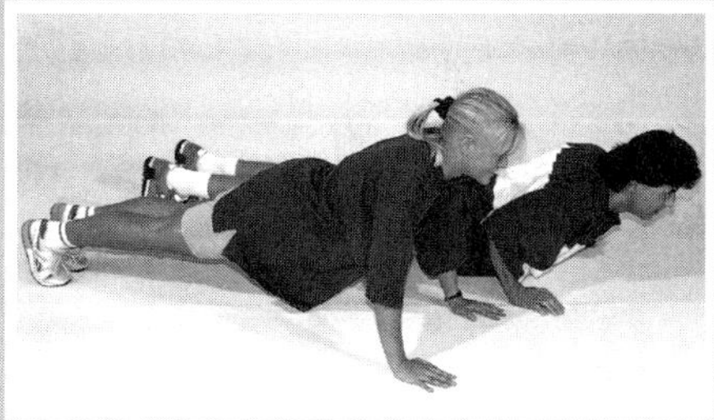
1

2

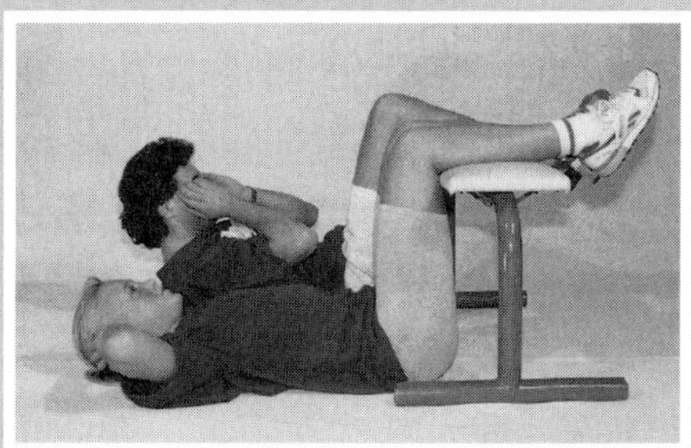
3

4

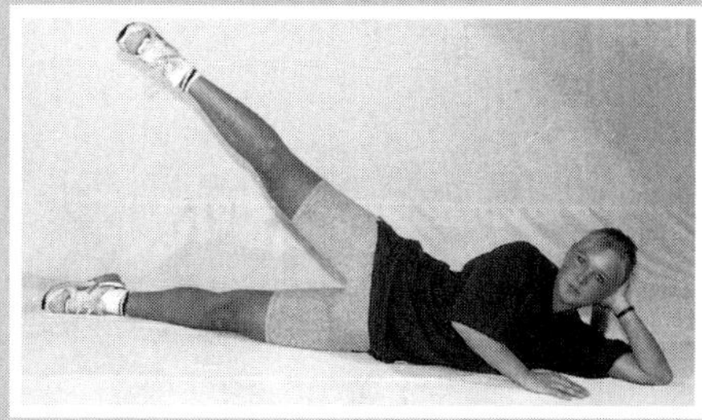
5

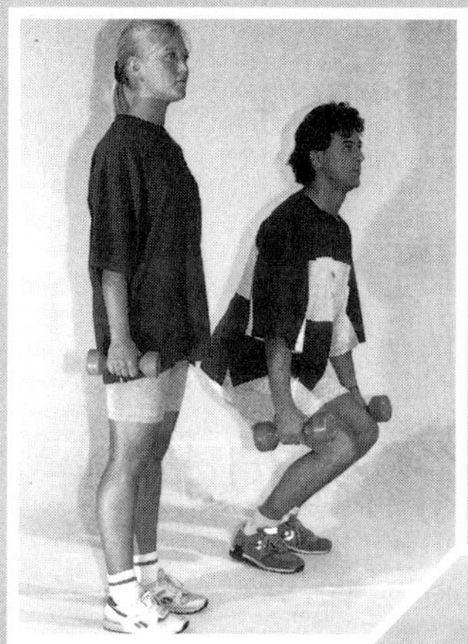
6

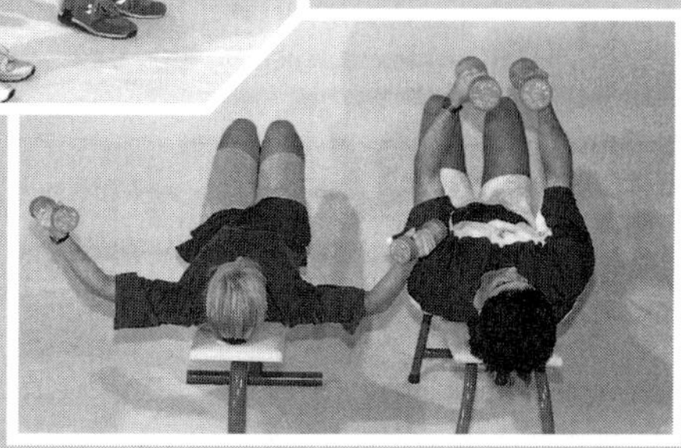
7

8

9

11

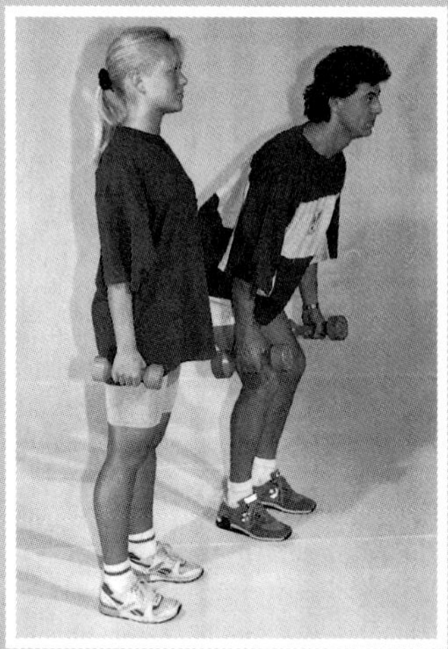

10

12

Grundlagenprogramm für 8- bis 13jährige Kinder

Thematische Charakterisierung

Die Frage nach dem *Sinn eines Krafttrainings mit Kindern* findet ihre Beantwortung in der folgenden Beobachtung: Kinder im späten Schulkindalter (8 bis 13 Jahre) und in der puberalen Phase (12 bis 16 Jahre) fallen fast ausnahmslos durch eine Schwäche der Haltemuskulatur, insbesondere des Rumpf-, Hüft- und Schulterbereiches auf, während die Funktionsmuskulatur der Extremitäten (die Beine) in einem besseren »Trainingszustand« zu sein scheint. Letzteres ist offensichtlich durch die tägliche Belastung bedingt. Die deutliche Diskrepanz bleibt etwas unverständlich, da der durch Krafttraining erreich-

bare Zuwachs angeblich so minimal sein soll. Erklärt werden könnte dies dadurch, daß in der Skelettmuskelfaser eine Längenanpassung durch Vermehrung der in Serie geschalteten Sarkomere oder durch Verlängerung der Sehne möglich ist. Letzteres ist im Grunde nur als kompensatorische Maßnahme anzusehen, wenn der Muskel die gewünschte Länge nicht im Rahmen dynamischer Beanspruchungen benötigt, sondern als Anpassung an passive Dehnung. Während des Wachstums muß der Muskel eine Längenanpassung zeigen, da die Betonung des Knochenwachstums auf einer Längenzunahme liegt (insbesondere für die Extremitäten).
Die gleichzeitig dynamische Beanspruchung der Muskultur dieses Bereiches hat eine Längenadaptation der Muskelfasern zur Folge. Die Vermehrung der in Serie geschalteten Sarkomere erhöht das Kraftpotential des Muskels, ohne daß eine Querschnittsvergrößerung, wie sie im Rahmen der Muskelhypertrophie des Erwachsenen als Antwort auf entsprechende Trainingsreize zu erwarten ist, beobachtet wird.
Von der Längenanpassung der Extremitätenmuskulatur sind vorwiegend die spindelförmigen Muskeln betroffen. Die gelenknah liegende Haltemuskulatur hingegen erhält in dieser Wachstumsphase nur wenig Anreiz zur Längenanpassung; somit ist auch eine geringe Zunahme des Kraftpotentials gegeben.
Erfährt nun die Muskulatur dieser Bereiche im Kindesalter eine zu geringe Beanspruchung von außen (Trainingsreize), so addiert sich zur wachstums- eine beanspruchungsbedingte Benachteiligung der Haltemuskulatur.
Die Schwäche dieser Muskulatur bedeutet jedoch eine reduzierte Funktionsfähigkeit der gesamten Muskulatur und auf lange Sicht auch eine Überbelastung des passiven Bewegungsapparates (Knochen, Gelenke); eine gezielte Förderung der Muskelentwicklung erscheint deswegen notwendig.
Um der Haltemuskulatur geeignete Trainingsreize anzubieten, ist nicht die Intensität der Reize entscheidend, sondern die Form der Beanspruchung. D. h.: Dynamische Bewegungen, die eine dehnende Komponente mit der aktiven Muskelarbeit verbinden, bewirken eine gezielte Förderung des kontraktilen Teils des Muskels. Passive Dehnübungen hingegen zwingen möglicherweise ausschließlich die Sehne zur Adaptation. Eine zusätzliche Gewichtsbelastung ist unter der dargestellten Zielsetzung nicht unbedingt notwendig.
Entsprechend geeignete Übungen bieten sich somit als Maßnahmen zur Förderung der Entwicklung der Muskulatur bereits im Kindesalter an. Auf diese Weise wird die Muskulatur bestens auf ihre Aufgabe der Entlastung des passiven Bewegungsapparates vorbereitet.

Beginn der Trainierbarkeit
Der Beginn der Trainierbarkeit der Kraft bei Kindern liegt nach bisherigen wissenschaftlichen Aussagen und praktischen Erscheinungsbildern um das 7. bis 9. Lebensjahr. Da die Kraftentwicklung von verschiedenen Faktoren abhängig ist, muß für einen Kraftzuwachs vor dem 10. Lebensjahr folgendes unterschieden werden: Der durch Training erkennbare Kraftzuwachs ist:

1. Vorwiegend durch *intra- und intermuskuläre Koordination* bedingt.
2. Auf eine Verbesserung der *relativen Kraft* (entspricht dem Quotienten aus maximaler Kraft und Körpergewicht) zurückzuführen. Diese Verbesserung selbst resultiert aus einem erhöhten Energieumsatz mit entsprechender Fettverbrennung, die wiederum eine Verschiebung der Anteile von Muskelmasse zur Gesamtkörpermasse (zugunsten der Muskelmasse) bewirkt.
3. Eine Muskelfaserquerschnittvergrößerung (= Hypertrophie) ist aufgrund der noch zu geringen Testosteronproduktion offensichtlich nicht (oder nur sehr gering) gegeben.

Insgesamt gesehen sind die Ursachen der Kraftentwicklung sehr komplex und diffizil und bis heute noch nicht voll erforscht, so daß die genannten Punkte lediglich als mögliche Aspekte zu betrachten sind.

Hinsichtlich der verschiedenen Erscheinungsformen der Muskelkraft ist für einen **Trainingsbeginn der vorpuberalen Phase** (ca. 8 bis 13 Jahre) folgendes anzumerken:

- Zunächst sollten Übungen, Methoden und Mittel der *Schnellkraftverbesserung* angewendet werden (vgl. S. 33 ff.).
- Ein *Muskelaufbautraining* (als eine Trainingsart der Maximalkraft) mit Intensitäten bis 40 % kann ergänzend betrieben werden. Neben der Wirkung auf die Muskelfaser und die intramuskuläre Koordination muß allerdings auch die Wirkung eines Krafttrainings in der vorpuberalen Phase auf das Skelettsystem beachtet werden. Die Knochen sind zwar soweit gefestigt, daß leichte Belastungen und Sprünge mit dem eigenen Körpergewicht möglich sind, jedoch aufgrund der noch nicht geschlossenen Epiphysenfugen keine sehr hohen Intensitäten (Gefahr für das Längenwachstum!). Die Methode der intramuskulären Koordinationsverbesserung (als eine weitere Methode des Maximalkrafttrainings, vgl. S. 30 f.) ist deshalb noch nicht zu empfehlen.
- Außerdem darf ein Muskelaufbautraining nur unter dem Gesichtspunkt *bewegungskoordinativer Ausführungen* (z. B. Gleichgewicht) und der ergänzenden *Flexibilitätsschulung* betrieben werden, d. h.:

- es sollten keine eingelenkigen Übungen (z. B. an Maschinen),
- sondern stets mehrgelenkige Übungen und
- zusätzlich ergänzende Gymnastikübungen durchgeführt werden.

Mehrgelenkige Übungen sind z. B. Kniebeugen mit hinter dem Kopf verschränkten Armen oder auch mit hochgehaltenem (!) leichten Gewicht. Bei richtiger Ausführung – und Kindern fällt diese »richtige« Bewegung nicht schwer – ergeben sich keine Gefahren für die Wirbelsäule.

Wir empfehlen mit Kindern 2mal *wöchentlich ein* Training mit jeweils *6 bis 8 Übungen,* wobei auf den Rumpfbereich stets die doppelte Anzahl der Übungen zutrifft.
Abhängig vom Kraftniveau und den sportartspezifischen Anforderungen kann der *Periodisierungsabschnitt* von 4 Wochen, wie wir ihn in unserem Programm vorschlagen, in der Jahresperiodisierung beliebig wiederholt werden. Nach dem Prinzip der allmählichen Belastungssteigerung müssen dabei aber Wiederholungs- und Satzzahlen gesteigert werden (s. Beispiel 2. Periodisierungsabschnitt, S. 71).

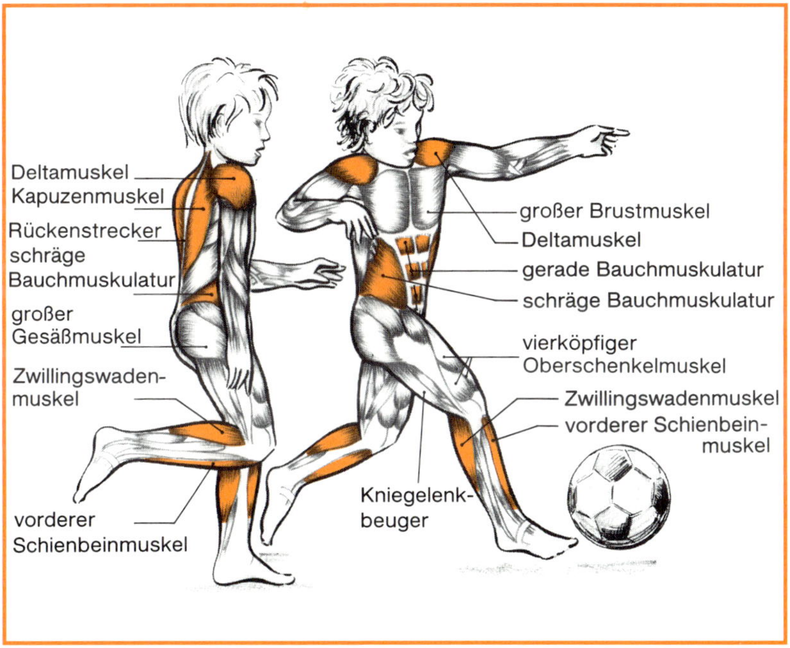

Spezifischer Einsatz und besondere Funktionen der beanspruchten Muskulatur

Muskeln	Bewegungsmöglichkeit in Beziehung zur Gelenkachse	Hauptfunktion im typischen Bewegungsablauf	wichtige Nebenfunktionen	Hilfsmuskeln
Gerade Bauchmuskulatur (M. rectus abd.)	Vorbeugen des Rumpfes	Fixieren der LWS z. B. bei Anheben der Beine, Fixieren des Rumpfes z. B. bei Armeinsatz	mit Hilfsmuskeln Körperzusammenschluß, Beckenaufrichtung	Rückenstrecker (M. erector spinae)
Schräge Bauchmuskulatur (Mm. obliqui abd.)	Rumpfdrehung	Verwringung des Schulter- gegen den Beckengürtel		
Rückenstrecker (M. erector spinae)	Rückneigung bzw. Aufrichten der Wirbelsäule	Fixieren der Wirbelsäule	Fixieren im Brustwirbelsäulenbereich	Schultergürtelmuskeln Bauchmuskulatur
Schultermuskulatur (M. trapezius u. a.)	Anheben, Senken, Zurücknehmen des Schultergürtels	Aufrichten des BWS, Fixieren des Schultergürtels am Rumpfskelett, z. B. beim Tragen, Heben, Hängen, Stützen	Heben des Armes über die Horizontale	Schultermuskeln breiter Rückenmuskel (M. latissimus dorsi) großer Brustmuskel (M. pectoralis maj.)
Unterschenkelmuskulatur (M. gastrocnemius, M. tibialis ant., Mm. peronei)	Pronation/ Supination, Anheben/Senken des Fußes	Hüpfen, Springen, Laufen	Fixieren der Sprunggelenke	tiefe Unterschenkelmuskeln

Grundlagenprogramm für 8- bis 13jährige Kinder (ohne Geräte)

1. Periodisierungsabschnitt

Muskelbereich	Übung	Bild-Nr.	Trainingswoche			
			1.	2.	3.	4.
Hüfte Beine	Ausfallkniebeugen links u. rechts	1	8–10 2	10 2		
	Kniebeugen	2			8–12 3	12 3–4
Rumpf Hüfte	Sit-ups	3	4–6 2	6–8 2		
	Dreh-Sit-ups	4			4–6 3	6 3–4
	Rumpfaufrichten	5	8–10 2	10 2		
	Hüftheben	6			4–6 3	6–8 3–4
Schultergürtel	Knieliegestütze	7	6–8 2	8 2		
Arme	Liegestütze	8			3–6 3	6–8 3–4

2. Periodisierungsabschnitt

Muskelbereich	Übung	Bild-Nr.	1.	2.	3.	4.
Hüfte	Ausfallkniebeugen links u. rechts	1	10 3	10–12 3–4		
Beine	Kniebeugen	2			12 3	12 4
	Sit-ups	3	6–8 3	6–8 3–4		
Rumpf	Dreh-Sit-ups	4			6 3	6 4
Hüfte	Rumpfaufrichten	5	10 3	10–12 3–4		
	Hüftheben	6			6–8 3	8 4
Schultergürtel	Knieliegestütze	7	8 3	8–10 3–4		
Arme	Liegestütze	8			6–8 3	8 4

1a

2b

1b

2a

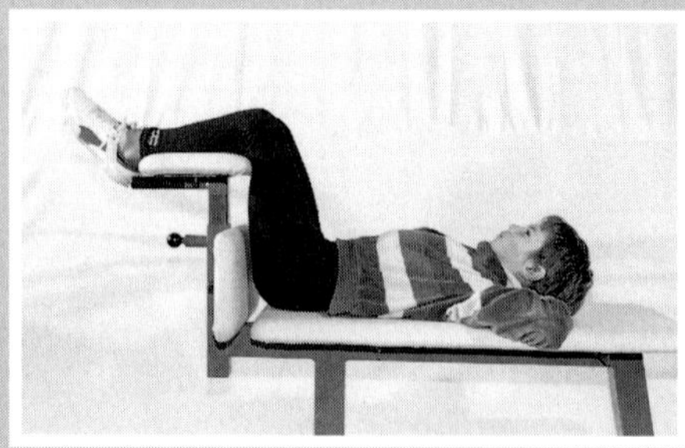

3a

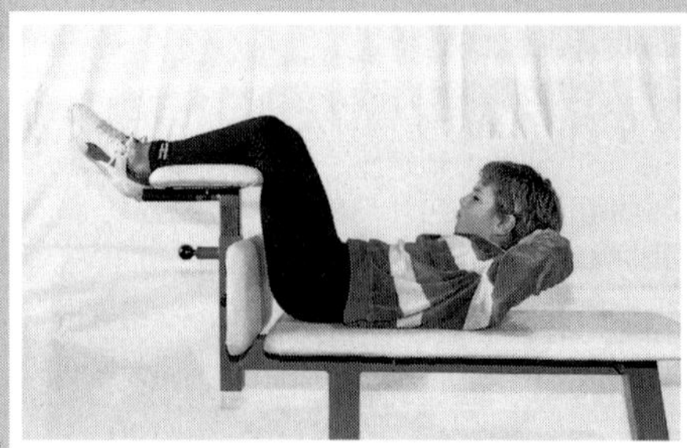

3b

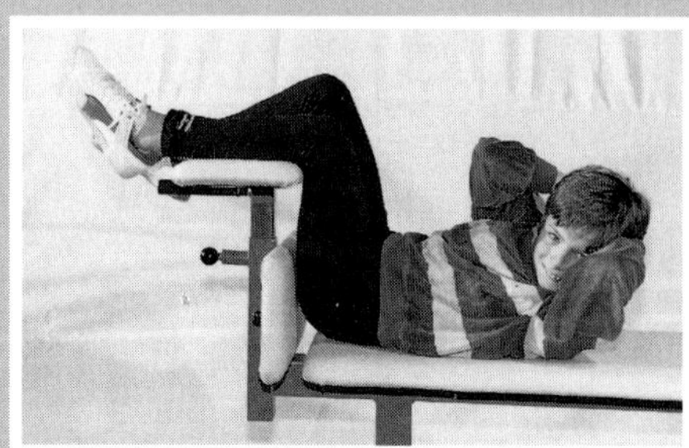

4

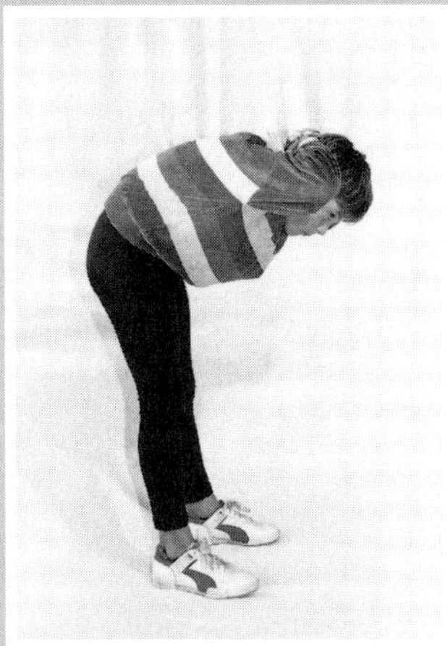

5a

5b

6a

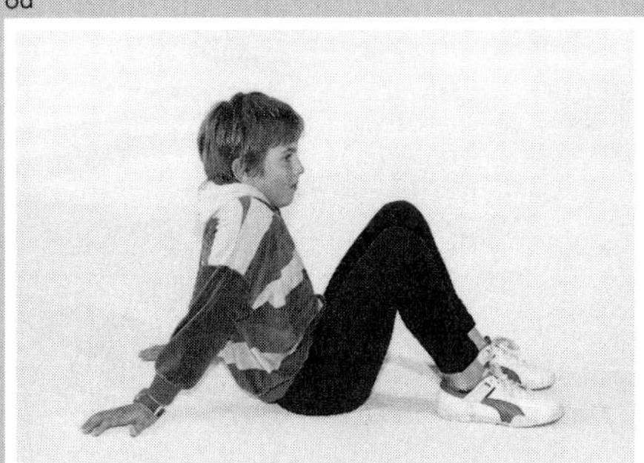

6b

7a

7b

8a

8b

Grundlagenprogramm für 13- bis 18jährige Jugendliche

Thematische Charakterisierung

Ausgehend von der Gegebenheit, daß sportliche Höchstleistungen von immer jüngeren Sportlerinnen oder Sportlern erzielt werden, sind, abhängig von der Wertigkeit der Kraft für die jeweilige Sportart oder -disziplin, Krafttrainingsmaßnahmen schon im frühen Jugendalter erforderlich. Trotz zahlreicher Veröffentlichungen über Krafttraining im Jugendbereich fehlen dem Praktiker nach wie vor eindeutige Konzeptionen für Krafttrainingsarten, -methoden, -mittel, Umfänge und Intensitäten.

Aufgabenstellung und Umfang dieses Buches lassen eine vollständige Abhandlung der Thematik nicht zu. Die besondere Verantwortung und Fürsorgepflicht gegenüber Jugendlichen macht aber eine Darstellung der wichtigsten sportwissenschaftlichen und sportpraktischen Erkenntnisse bezüglich des Krafttrainings im Jugendbereich erforderlich.

Als Folge zunehmender Androgenausschüttung (Testosteron u. a.) ca. ab dem 12./13. Lebensjahr bei Jungen (bei Mädchen ab ca. 11. Lebensjahr, jedoch wesentlich geringer) werden die Voraussetzungen für eine Kraftentwicklung aufgrund eiweißanaboler Wirkung (= Muskelhypertrophie) immer günstiger. Somit sind auch ab diesem Alter die Voraussetzungen für die Anwendung von Krafttrainingsmaßnahmen gegeben. Bei entsprechender Handhabung, d. h. Vermeidung allzu starker Druck-, Zug-, Biege- und Stauchbewegungen erweisen sich die bekannten Vorbehalte gegen ein Krafttraining im Jugendbereich (z. B. Gefährdung der Wirbelsäule) als gegenstandslos, zumal bis heute keine Untersuchung die Belastungsgefährdung der gesunden jugendlichen Wirbelsäule nachweisen konnte. Als gesicherte Tatsache darf hingegen die Gefährdung der wachstumsgestörten jugendlichen Wirbelsäule (z. B. Scheuermannsche Krankheit) gelten. Der Einstieg in das Krafttraining macht also eine orthopädische Untersuchung erforderlich, um eventuelle Wachstums- und Entwicklungsstörungen der Wirbelsäule festzustellen. Liegen Störungen vor, ist, abhängig von deren Ausmaß, auf ein Krafttraining vor Wachstumsabschluß zu verzichten. Ob nach Wachstumsabschluß eine Aufnahme des Krafttrainings möglich ist, hängt dann natürlich von dem Ergebnis einer erneuten Untersuchung ab.

Die momentan im Krafttraining angewendeten Trainingsarten, -methoden, -mittel usw. können im Jugendbereich nur bedingt eingesetzt werden. So ist einerseits ein isoliertes Muskelaufbautraining in Form von eingelenkigen Übungen genausowenig angebracht wie andererseits ein isoliertes intramuskuläres Koordinationstraining. Ersteres fördert in keiner Weise den in diesem Alter vorherrschenden Koordinations- und Beweglichkeitsmangel, und letzteres bedeutet zu hohe physische und psychische Belastungen (betroffen sind dabei ZNS, Gelenksystem, Bindegewebe, Sehnen usw.) für den jugendlichen Organismus.

Als Alternative bietet sich ein kombiniertes Training in Form der Pyramidenmethode und/oder ein Muskelaufbautraining in Form von mehrgelenkigen Übungen unter dem Aspekt bewegungskoordinativer und beweglichkeitsschulender Ausführung an. Nach sportpraktischen Erkenntnissen bewirkt das Pyramidentraining durch das Überwinden geringer Widerstände in hohen Wiederholungszahlen einmal eine entsprechende Körpergewichtsentwicklung der Jugendlichen, zum anderen durch das Überwinden hoher Widerstände in geringen Wiederholungszahlen aber auch eine entsprechende Ausnutzung ihres vorhandenen Muskelpotentials. Des weiteren wird durch die nur geringe Anzahl von Wiederholungen mit submaximalen Widerständen eine hohe Belastung des passiven Bewegungsapparates vermieden, zumal das Pyramidentraining bei Dreier-Wiederholungen endet. Wenn wir voraussetzen, daß 95 % der aktuellen Bestleistung einmal, 90 % zweimal realisiert werden können, erlauben Dreier-Wiederholungen allenfalls Belastungsgrößen um 85 %. Durch die Berücksichtigung von Übungen mit bewegungskoordinativem und beweglichkeitsschulendem Charakter wird die Effektivität des Muskelaufbautrainings nachhaltig gesteigert, da nunmehr neben der Kraft mit Koordination und Beweglichkeit zwei weitere Komponenten zur Steigerung der sportlichen Leistungsfähigkeit angesprochen werden. Nachstehend stellen wir die aus unserer Sicht effektivsten Kraftübungen mit bewegungskoordinativem und gelenkigkeitsschulendem Charakter vor und bieten ein allgemeines Muskelaufbau- sowie ein spezielles Kombinationsprogramm an.

Jugendliche müssen selbstverständlich zunächst die im Programm der Kinder von 8 bis 13 Jahren angesprochenen Muskelgruppen kräftigen, wenn dies bisher vernachlässigt worden ist.

Wir schlagen für Jugendliche ein *2- bis 4maliges Krafttraining pro Woche* mit jeweils *6 bis 8 Übungen* vor. Im Nachwuchsbereich ist das *Prinzip der allmählichen Belastungssteigerung* besonders vorrangig anzuwenden, da es dem Organismus Zeit zur kontinuierlichen Anpassung an Belastungssteigerungen läßt.

Also zum einen eine ungehinderte Körpergewichtsentwicklung erlaubt, zum anderen Schädigungen von Gelenksystem, Bindegewebe, Sehnen usw. vermeiden hilft. Bezüglich einer allmählichen Steigerung von Umfang und Intensität kann nach

unserem Programmvorschlag verfahren werden.
Hinsichtlich einer *Jahresperiodisierung* kann dieses Programm laufend wiederholt werden, wobei nach dem ersten 10-Wochen-Zyklus (vgl. beide nachstehenden Programme) der nächste Zyklus mit etwas höherer Intensität trainiert wird (z. B. 5 bis 10% mehr Belastung).
Es ist außerdem darauf zu achten, daß das Muskelaufbautraining nicht für Zeiträume geplant wird, in denen Wettkampfhöhepunkte liegen, da die langsame Bewegungsausführung beim Muskelaufbautraining in der Regel im Widerspruch zur Zielstellung des Wettkampfes steht, nämlich Bewegungen mit maximaler Geschwindigkeit durchzuführen. Beim Pyramidentraining wird hingegen durch den Anteil intramuskulären Krafttrainings (s. S. 30 bis 31) der Schnelligkeits- bzw. Schnellkraftaspekt des Wettkampfes berücksichtigt.
Die Periodisierung beschränkt sich hierbei auf 10 Wochen. Für die Wochen 1 bis 6 kann man die Vorbereitungsperiode ansetzen, für die Wochen 7 bis 10 dann die Wettkampfperiode.
Diese Reduzierung im Vergleich zum Training des erwachsenen Leistungssportlers ist einmal bedingt durch den Fortfall des Schnellkrafttrainings, zum anderen dadurch, daß ein zu langes Durchführen von Bewegungsaufgaben mit gleichen Methoden, Mitteln usw. mit dem natürlichen Spiel- und Bewegungstrieb der Jugendlichen nicht zu vereinbaren ist. Ihr ständiges Suchen nach neuen Bewegungsaufgaben und -formen findet dadurch Berücksichtigung, daß zur Variation stets mehrere gleichwertige Übungen angeboten werden.

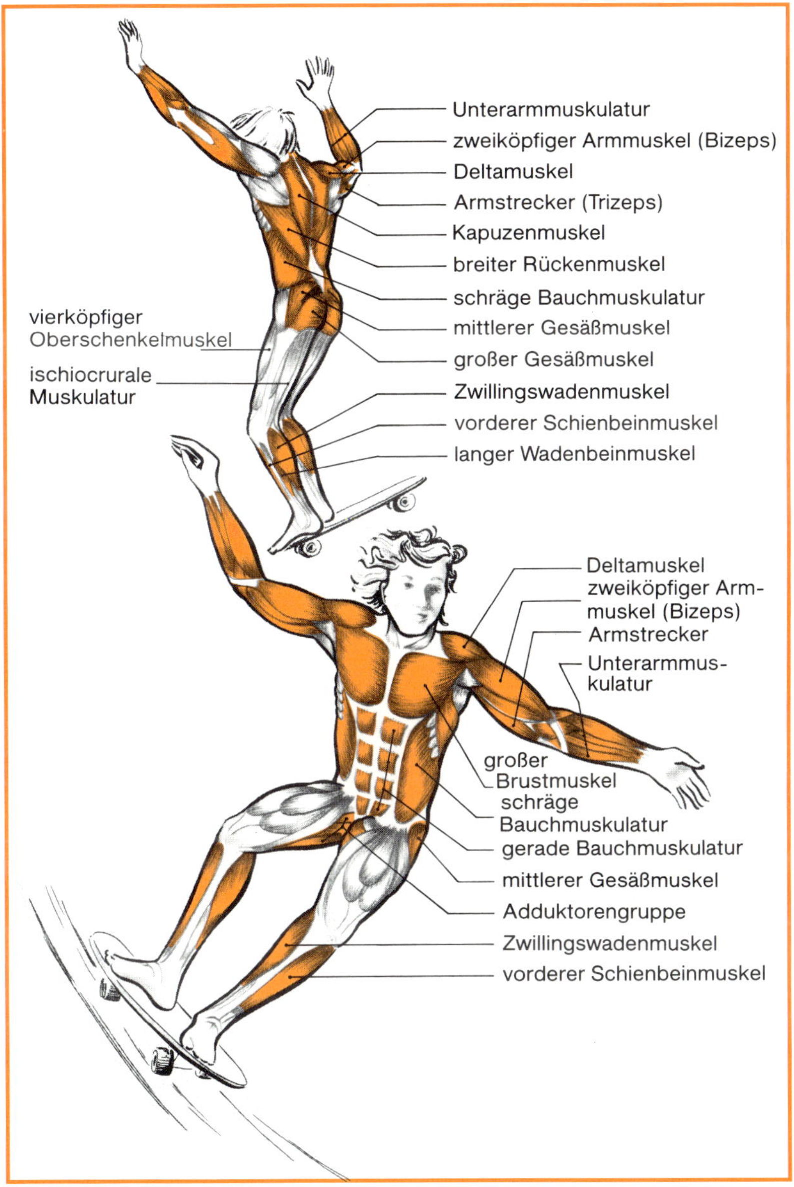
Unterarmmuskulatur
zweiköpfiger Armmuskel (Bizeps)
Deltamuskel
Armstrecker (Trizeps)
Kapuzenmuskel
breiter Rückenmuskel
schräge Bauchmuskulatur
mittlerer Gesäßmuskel
großer Gesäßmuskel
Zwillingswadenmuskel
vorderer Schienbeinmuskel
langer Wadenbeinmuskel
vierköpfiger Oberschenkelmuskel
ischiocrurale Muskulatur
Deltamuskel
zweiköpfiger Armmuskel (Bizeps)
Armstrecker
Unterarmmuskulatur
großer Brustmuskel
schräge Bauchmuskulatur
gerade Bauchmuskulatur
mittlerer Gesäßmuskel
Adduktorengruppe
Zwillingswadenmuskel
vorderer Schienbeinmuskel

Spezifischer Einsatz und besondere Funktion der beanspruchten Muskulatur

Muskeln	Bewegungsmöglichkeit in Beziehung zur Gelenkachse	Hauptfunktion im typischen Bewegungsablauf	wichtige Nebenfunktionen	Hilfsmuskeln
Großer Brustmuskel (M. pectoralis major) Breiter Rückenmuskel (M. latissimus dorsi)	Innenrotation, Adduktion, Retroversion, Anteversion	Armeinsatz, Übertragung des Krafteinsatzes vom Arm auf Rumpf	Körperzusammenschluß	Schulter-, Schultergürtelmuskulatur
Armbeuger (M. biceps brachii) Armstrecker (M. triceps brachii)	Beugen im Ellenbogengelenk Strecken im Ellenbogengelenk	Beugen, Halten u. Supination, Strecken, Abdrücken	Fixieren des Schultergelenks	Schultermuskulatur
Streck- u. Beugemuskulatur des Handgelenkes u. der Fingergelenke (Mm. extensores et flexores carpi radialis et ulnaris, Mm. flexores et extensores digitorum)	Beugen u. Strecken, Seitneigung des Handgelenkes bzw. der Finger	Handgelenksicherung, Griffsicherheit		Daumenmuskeln
Großer u. kleine Gesäßmuskeln (Mm. glutaei) Adduktorengruppe (Mm. adductores) Kniegelenkstrecker (M. quadriceps fem.)	Strecken des Beines u. Halten im Hüftgelenk Adduktion Strecken im Kniegelenk	Gewährleisten der Kraftübertragung von unteren Extremitäten auf Rumpf, Sicherung des Kniegelenkes	Hüftfixierung	Bauch-Rückenmuskulatur, ischiocrurale Muskelgruppe

Grundlagenprogramm zum Muskelaufbau für 13- bis 18jährige Jugendliche unter dem Aspekt der gleichzeitigen Koordinations- und Beweglichkeitsschulung (1. bis 6. Woche, mit Gewichten)

Muskelbereich	Übung	Bild-Nr.	Trainingswoche					
			1.	2.	3.	4.	5.	6.
Hüfte Beine	Ausfallkniebeugen li. u. re.	1	8–10 3	10 3				
	Kniebeugen vorne	2				5–8* 4	6–8 4–5	8 5
Rumpf Hüfte	Rumpfdreh-Sit-ups	3	6–8 3	8–10* 3	8–12 3–4	8–12 4	8–12 4–5	8–12 5
	Rumpfaufrichten	4				8–10 4	8–12 4–5	8–12 5
Schultergürtel Brust	Butterfly	5	6–8 3	8 3	8–10 3–4			
	Pullover	6				8–10 4	8–12 4–5	8–12 5
	Trapezziehen	7	6–8 3	8 3	8–10 3–4	8–10 4	8–12 4–5	8–12 5
	Armseitheben vorgebeugt	8	6–8* 3	8* 3	8–10* 3–4			
Schultergürtel Arme	Nackendrücken	9	6–8 3	8 3	8–10 3–4			
	Armseitheben	10				6–8 3	8 3	8–10 3–4

* Bei 2 und mehr Trainingseinheiten pro Woche können die Übungen alternativ angewendet werden (z. B. montags Ausfallkniebeuge und donnerstags normale Kniebeuge).

Programm zum Muskelaufbau und zur intramuskulären Koordinationsverbeserung für 13- bis 18jährige Jugendliche (7. bis 10. Woche, mit Gewichten)

Muskelbereich	Übung	Bild-Nr.	Trainingswoche 7.	8.	9.	10.
Hüfte	Kniebeugen hinten	11	8–7–6–5–4 60–80 % (5)		5–4–3–3–4 75–85 % (5)	
Beine	Kniebeugen vorne	2				
Rumpf Hüfte	Sit-ups	12	12–12–10–10 ca. 50 % (4)		10–10–8–8 ca. 60 % (4)	
	Rumpfdreh-Sit-ups	3				
	Rumpfaufrichten	4				
	Hyperextension	13				
Schultergürtel	Bankdrücken	14	8–7–6–5–4 60–80 % (5)		5–4–3–3–4 75–85 % (5)	
	Schrägbankdrücken	15				
Brust	Latziehen (vertikal)	16				
Arme	Latziehen (horizontal)	17				

Pro Muskelbereich sind 2 Übungen angeführt, die abwechselnd trainiert werden sollen. Beispiel:

1. Trainingseinheit: Kniebeugen vorne, Bankdrücken, Rumpfaufrichten, Latziehen (vertikal), Sit-ups
2. Trainingseinheit: Kniebeugen hinten, Schrägbankdrücken, Hyperextension, Latziehen (horizontal), Rumpfdreh-Sit-ups

1a

1b

2

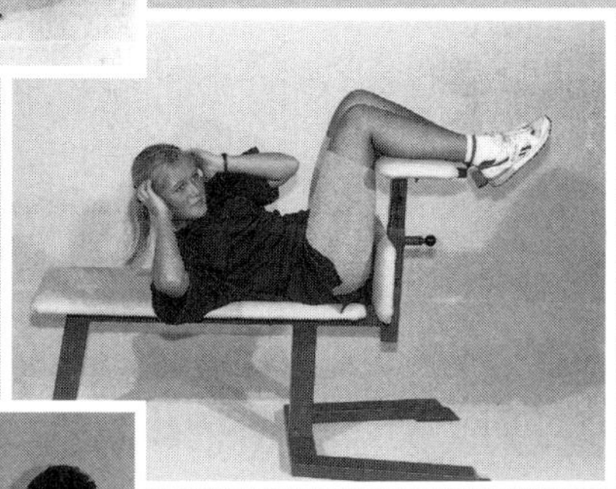
3

4

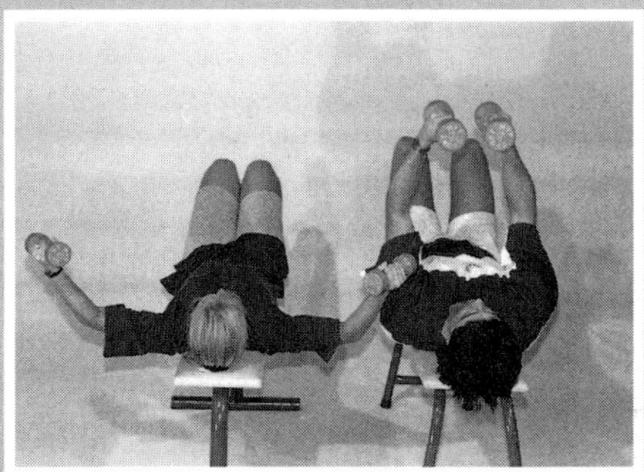
5

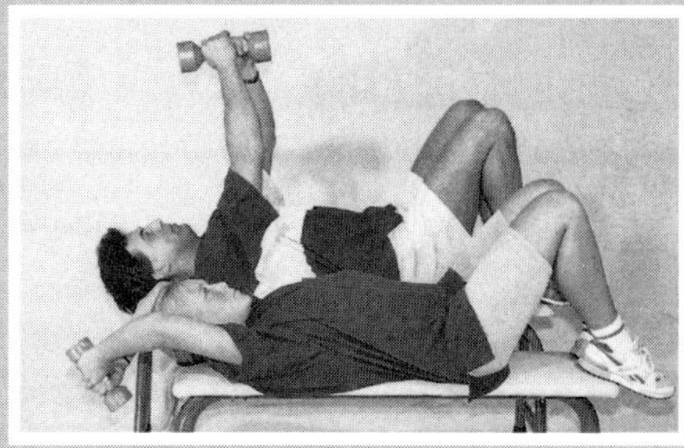
6

7

8

9

10

11

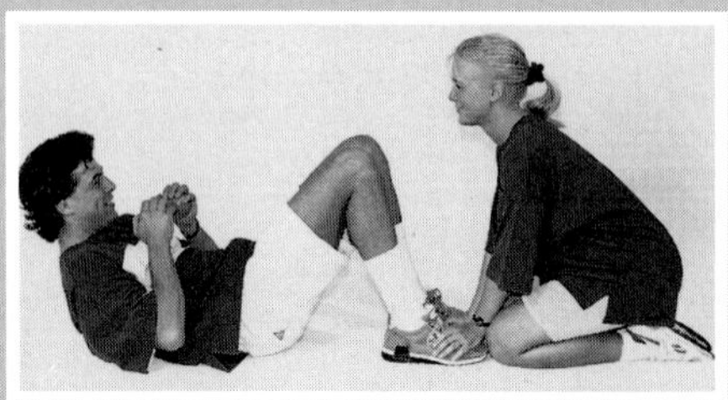
12

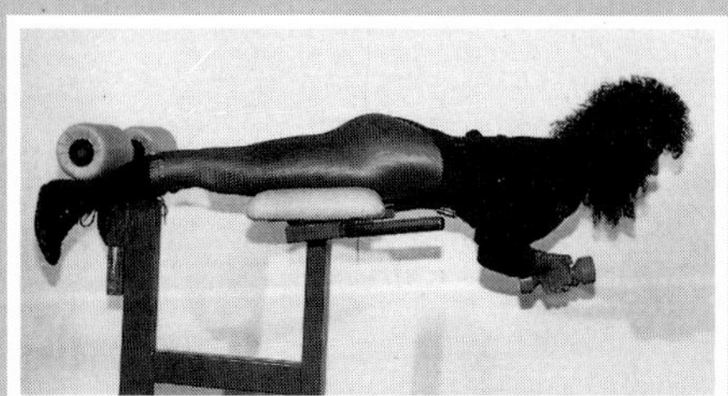
13

14

15

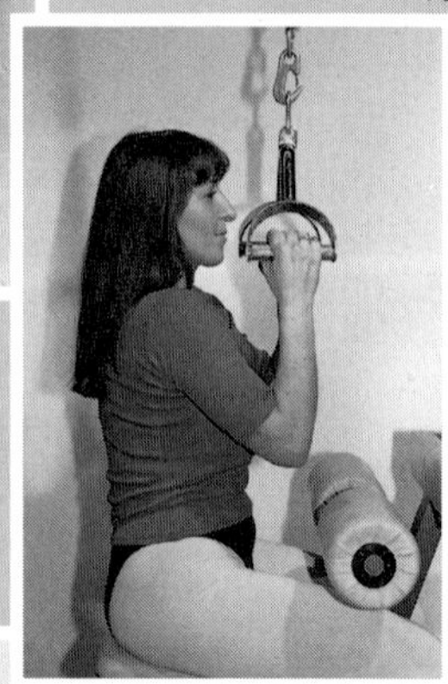
16

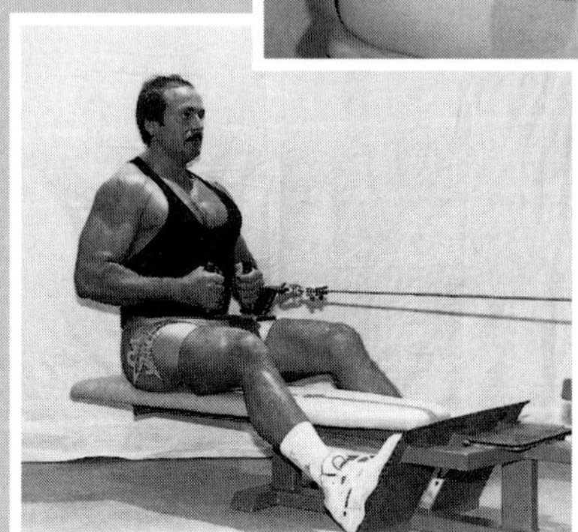
17

Programme für Freizeit- und Leistungssport

Allgemeines Leistungssportprogramm für alle Sportarten

Thematische Charakterisierung

Verständlicherweise wird die tabellarische Auflistung ausgewählter Muskelgruppen für den Leistungssportler die gleichen Muskeln ansprechen wie für den Breitensportler. Das kontinuierliche, dem Entwicklungsalter angepaßte Training sowie die konsequente, der Leistungsentwicklung entsprechende Trainingsplanung fördern beim hier abgehandelten Sportlerkreis das Kraftniveau der genannten Muskeln im gewünschten bzw. erforderlichen Ausmaß.

Der Leistungssportler stellt sich aber im Gegensatz zum Breitensportler die Aufgabe, die Grenzen der körperlichen Leistungsfähigkeit zu erkunden. Ständige Verbesserung seiner Leistungsfähigkeit bestimmt zumindest für einen Lebensabschnitt (Zeitraum von ca. 8 bis 15 Jahren) seine Lebensführung. Zur Steigerung der Leistungsfähigkeit werden Trainingsinhalte notwendig, die nicht nur stoffwechselbedingte und kardiopulmonale Belastungen darstellen, sondern den aktiven und passiven Bewegungsapparat auch bezüglich der mechanischen Belastung fordern.

Um die Beanspruchung für den passiven Bewegungsapparat so gering wie möglich zu halten, ist neben der ständigen Beachtung einer technisch einwandfreien Bewegungsausführung (= Sicherstellen einer der Gelenkkonstruktion entsprechenden Druckverteilung) der Aufbau eines zuverlässigen »Muskelkorsetts« erforderlich (= Entlastung der Gelenkbänder, Gewährleisten einer günstigen Gelenkführung).

Sinnvoll sind gezielte Maximalkraftprogramme, und zwar

- zunächst ein Muskelaufbau von 8 Wochen (vgl. Tab. S. 86);
- anschließend ein intramuskuläres Koordinationstraining (vgl. Tab. S. 87);
- eventuell wiederum anschließend Schnellkraftprogramme, die spezifisch auf die Sportart ausgerichtet sein müssen.

Solche Schnellkraftprogramme finden sich in Ehlenz/Grosser/Zimmermann: Krafttraining.

Hinweis für einzelne Sportarten

Aus dem auf S. 86 stehenden Muskelaufbau-Gesamtprogramm bzw. aus dem auf S. 87 erscheinenden intramuskulären Koordinationsprogramm werden für die einzelnen Sportarten jeweils gezielt die Bereiche trainiert, die muskelfunktionell erforderlich sind. Es sollten aber höchstens 4 Bereiche (= 6 bis 9 Übungen) in einer Trainingseinheit trainiert werden.

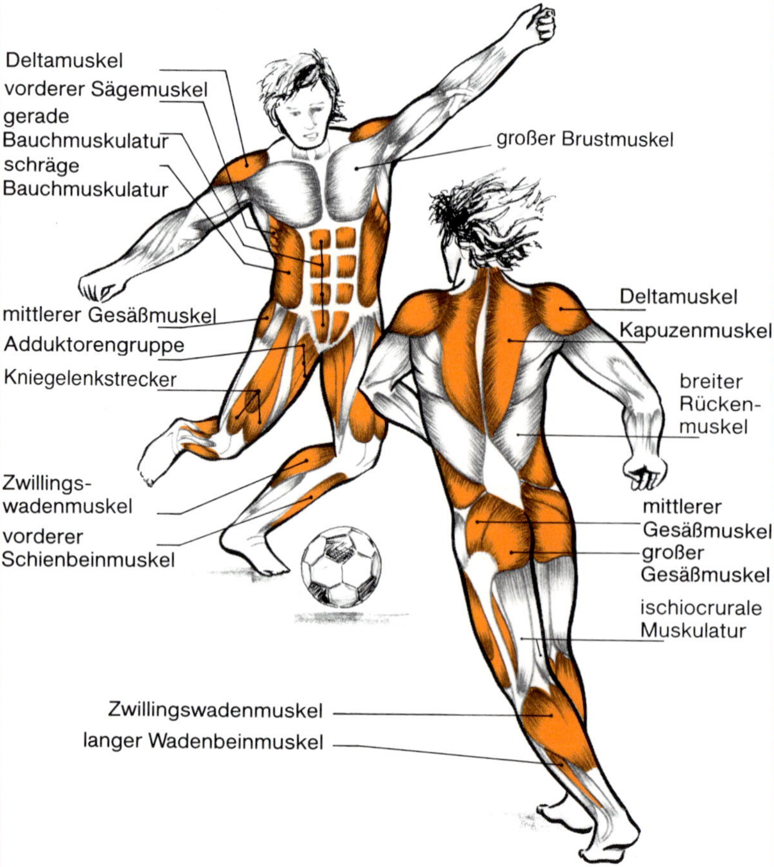
Deltamuskel
vorderer Sägemuskel
gerade Bauchmuskulatur
schräge Bauchmuskulatur
mittlerer Gesäßmuskel
Adduktorengruppe
Kniegelenkstrecker
Zwillingswadenmuskel
vorderer Schienbeinmuskel
großer Brustmuskel
Deltamuskel
Kapuzenmuskel
breiter Rückenmuskel
mittlerer Gesäßmuskel
großer Gesäßmuskel
ischiocrurale Muskulatur
Zwillingswadenmuskel
langer Wadenbeinmuskel

Spezifischer Einsatz und besondere Funktion der beanspruchten Muskulatur

Muskeln	Bewegungsmöglichkeit in Beziehung zur Gelenkachse	Hauptfunktion im typischen Bewegungsablauf	wichtige Nebenfunktionen	Hilfsmuskeln
Rumpfmuskulatur (M. rectus abd., Mm. obliqui abd., M. erector spinae)	Rumpfbeugen, Seitneigen, Rumpfstrecken, -drehen	alle Rumpfbewegungen, Körperzusammenschluß	Vermeiden von Fehlbelastung d. Wirbelsäule/ Bandscheiben, Unterstützung der Schulter- und Beckenhaltung	Schultergürtel- und Hüftmuskulatur
Schultergürtelmuskulatur (M. trapezius, M. serratus ant. u. a.)	Anheben, Senken, Vor- und Zurücknehmen der Schultern	Stützen, Heben, Ziehen, Vermeiden von Fehlbelastung der HWS u. BWS bei schnellem Einsatz	Anheben des Armes über die Horizontale	Schultermuskulatur
Hüftmuskulatur (Mm. glutaei, M. iliopsoas u. a.)	Bewegungen der Beine gegenüber dem Rumpf bzw. des Beckens gegenüber den Beinen	Beugen und Strecken im Hüftgelenk	korrekte Beckenstellung im Bewegungsablauf, Körperzusammenschluß	Rumpfmuskulatur, Oberschenkelmuskulatur
Oberschenkelmuskulatur (Mm. adductores, Mm. ischiocrurales, M. quadriceps fem.)	Adduktion des Beines, Beugen, Strecken, Innen- und Außenrotation im Knie	Bewegungen im Hüft- und Kniegelenk	Fixieren von Hüft- und Kniegelenk, Beckenstabilisierung	Hüftmuskulatur
Unterschenkelmuskulatur (M. gastrocnemius, Mm. peronei, M. tibialis ant.)	Beugen u. Strecken im oberen Sprunggelenk, Pronation u. Supination im unteren Sprunggelenk	Laufen, Hüpfen, Springen	Sicherung der Sprunggelenke	tiefe Unterschenkelmuskulatur

Programm zum Muskelaufbau für Leistungssportler (1. bis 8. Woche, mit Gewichten)

Muskelbereich	Übung	Bild-Nr.	Trainingswoche							
			1.	2.	3.	4.	5.	6.	7.	8.
Quadrizeps	Beinstrecken	1	8–12 3–4	8–12 4	8–12 4–5	8–12 5	8–12 5–6	8–12 6	8–12 6	8–12 6
Bizeps femoris	Beinbeugen	2								
Wade	Fußstrecken	3								
Schienbein	Fußbeugen	4								
Bauch/Hüfte	Sit-ups	5								
Rücken	Rumpfaufrichten	6			Wiederholungs- und Satzzahlen gelten für alle Übungen					
Bauch/Hüfte	Sit-ups mit Rumpfdrehen	7								
Brust	Butterfly	8								
Delta	Armseitheben	9								
Trapez	Schulterhochziehen	10								
Latissimus	Bankziehen	11								
Bizeps	Armbeugen	12								
Trizeps	Armstrecken	13								
Handbeuger	Handgelenkbeugen	14								
Handstrecker	Handgelenkstrecken	15								

Programm für intramuskuläre Koordinationsverbesserung für Leistungssportler
(9. bis 13. Woche, mit Gewichten)

Muskelbereich	Übung	Bild Nr.	Trainingswoche				
			9. 70–75%	10. 75–80%	11. 80–85%	12. 85–90%	13. 90–95%×
Komplex	Standumsetzen gestreckt	16	6–5 4	5–4 4–5	4–3 5	3–2 5–6	2–1 6–8
Schultergürtel/Arme	Bankdrücken	17	6–5 4	5–4 4–5	4–3 5	3–2 5–6	2–1 6–8
Schultergürtel/Arme	Bankziehen (Lat)	11	6–5 4	5–4 4–5	4–3 5	3–2 5–6	2–1 6–8
Hüfte/Beine	Kniebeugen (hinten)	18	6–5 4	5–4 4–5	4–3 5	3–2 5–6	2–1 6–8
Rücken	Rumpfaufrichten	6	60–65% 8–7 4	65% 7 4–5	65–70% 7–6 5	70% 6 5–6	70–75% 6–5 6
Bauch/Hüfte	Sit-ups	5	50–55% 12–10 4	55% 10 4–5	55–60% 10–8 5	60% 8 5–6	60–65% 8–6 6

1

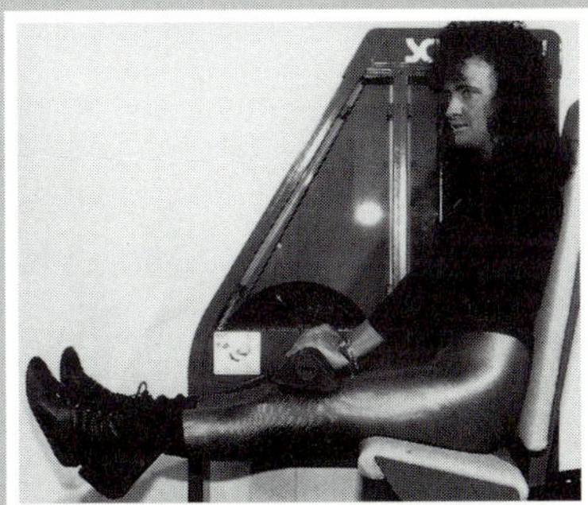

2a

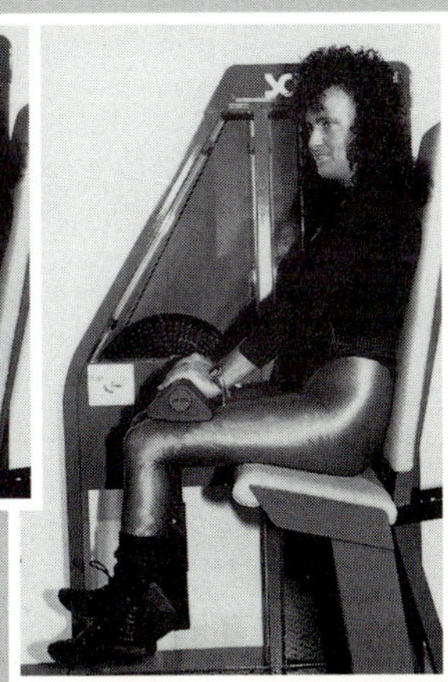

2b

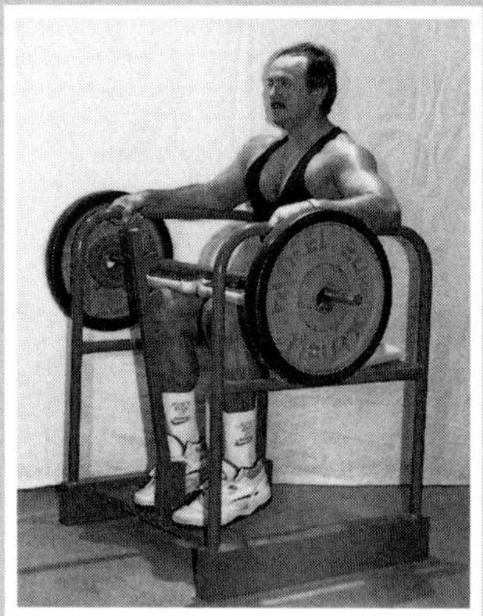
3

7

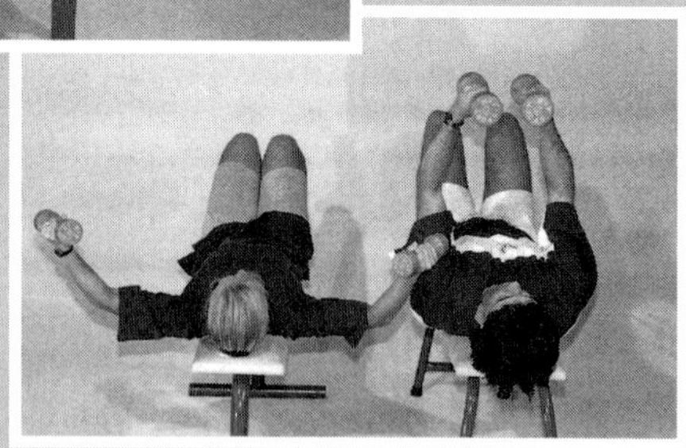
8

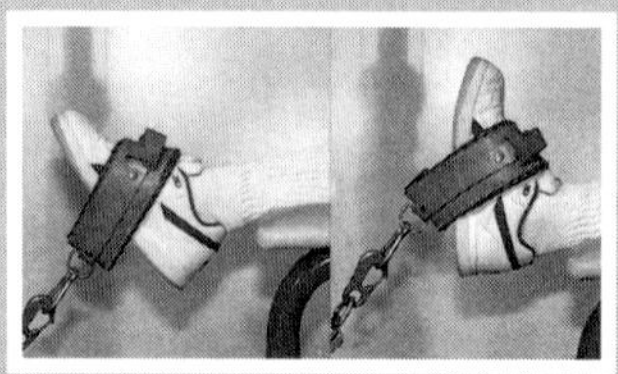
4

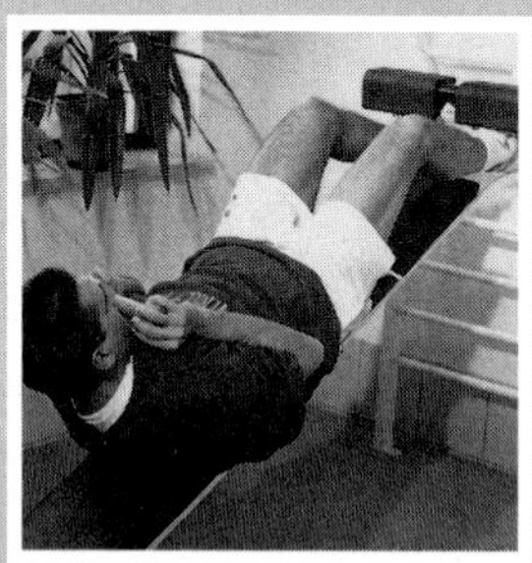
5

9

10

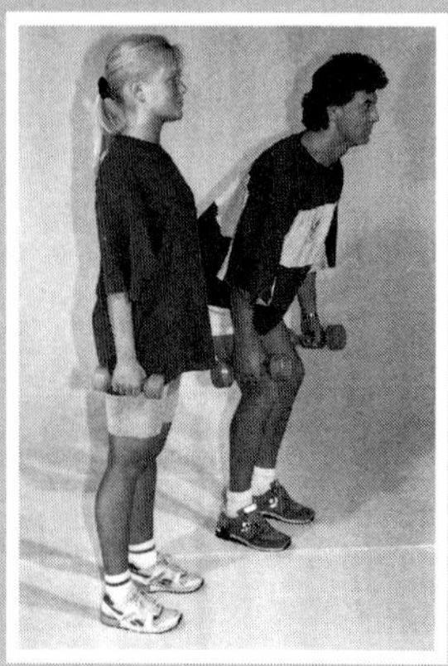
6

11

12

13a

16a

13b

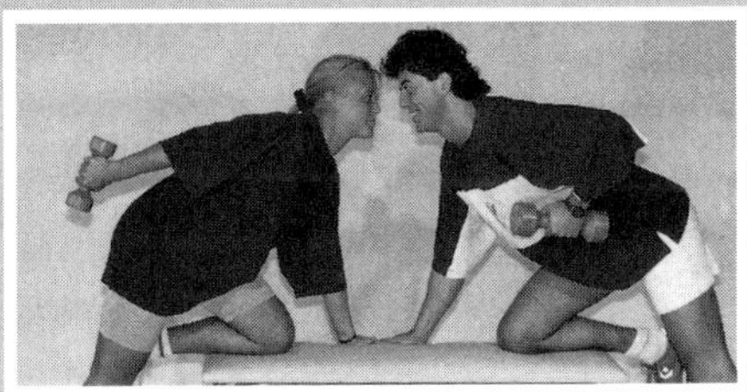

16b

14

16c

15

17

18

Programm für Tennisspieler

Thematische Charakterisierung

Die konditionellen Komponenten Kraft und Schnelligkeit sind mit Voraussetzung für ein erfolgreiches Tennisspiel. So gesehen kann auch der Tennissportler von einem effektiven Krafttraining profitieren, zumal durch Krafttraining auch der Nachteil einer unsymmetrischen Körperproportionen-Entwicklung eingeschränkt werden kann. Mit der Maßnahme Krafttraining wird im Tennissport aber in erster Linie die Zielstellung Verbesserung der Grundschlagarten, des Aufschlages und der Grundschnelligkeit verfolgt. Voraussetzung zur Realisierung dieser Zielstellung ist aber, daß z. B. drucklose Schläge und fehlerhafte Schlagarten nicht auf mangelnde Flexibilität oder fehlende Koordination zurückzuführen sind. Beides ist leicht nachzuweisen. Der Tennissport erfordert die Kraft in dynamischer und statischer Arbeitsweise sowie in den Erscheinungsformen Kraftausdauer und Schnellkraft. So muß der Tennisspieler z. B. seinen Schläger eventuell bis zu 3 Stunden und länger (mit Unterbrechungen) im festen Griff haben (statische Kraft) und dabei verschiedene Schlagarten in vielfachen Wiederholungen durchführen (dynamische Kraft). Nach diesen Ausführungen müßten im Krafttrainingsprozeß des Tennissportlers die statische bzw. dynamische Kraftausdauer sowie Schnellkrafttraining im Vordergrund stehen.

In der Regel ist aber nur ein Maximalkrafttraining in Form von Muskelaufbautraining und Kombinationstraining (s. S. 31 f.) zur Erreichung der Zielsetzung notwendig. Begründung: Die Kraftausdauerfähigkeit wird einmal durch Trainings- und Spielpraxis, zum anderen durch Maximalkrafttraining aufgrund der bestehenden Zusammenhänge zwischen Maximalkraft und Kraftausdauer (s. S. 35 f.) erworben. Fehlt es wider Erwarten dennoch Spielerinnen und Spielern an erforderlicher Kraftausdauerfähigkeit, bietet sich ein Spielen unter erschwerten Bedingungen (schwererer Schläger, Bleimanschetten, Gewichtsweste usw.) an.

Bei mangelnder Kraftausdauerfähigkeit in der Finger- oder Unterarmmuskulatur kann auch auf das bewährte Zusammendrücken eines Tennisballes oder auf Übungen mit dem Handroller, die sich auch im Hockeysport durchgesetzt haben, zurückgegriffen werden.

Ebenso kann durch die Anwendung der Maximalkraftmaßnahmen aufgrund der gleichfalls bestehenden Zusammenhänge zwischen Maximal- und Schnellkraft (s. S. 33 f.) auch auf ein spezielles Schnellkrafttraining verzichtet werden. Wie die Praxis zeigt, können große Widerstände nur mit geringer, kleine Widerstände hingegen mit hoher Geschwindigkeit bewegt werden.

Demnach müßten sich mit zunehmenden Kraftfähigkeiten bei gleicher Geschwindigkeit noch größere Widerstände bzw. kleinere Widerstände mit noch höherer Geschwindigkeit bewegen lassen. Dies haben nicht nur die Praxis, sondern auch sportwissenschaftliche Untersuchungen eindeutig nachgewiesen (SCHMIDTBLEICHER 1980).
Voraussetzung für diese Fähigkeit ist neben der Veranlagung (z. B. ein hoher Anteil von weißen Muskelfasern) auch die Tatsache, daß der Sportler durch sportartspezifische Anforderungen darauf trainiert ist, geringe Widerstände mit hoher Geschwindigkeit zu bewegen. Im Tennissport ist dieses der Fall, da Schläger und Ball nur von geringem Eigengewicht sind. Da beim Tennis im Gegensatz zu vielen anderen Sportarten, z. B. Hammerwerfen oder Gewichtheben, die Leistungsfähigkeit nicht von Maximalkraftwerten abhängig ist, kann auch auf ein intramuskuläres Training verzichtet werden.
Maßnahmen wie Muskelaufbau- und Kombinationstraining sind neben dem Tennisspielen ausreichend, um die Kraftfähigkeit zu erlangen, die zur Ausführung von perfekten und druckvollen Schlägen über die gesamte Spieldauer hinweg erforderlich ist.
Des weiteren werden durch die geringen Belastungsgrößen im Muskelaufbau- und Kombinationstraining Verletzungsgefahren fast ausgeschlossen bzw. entsprechen die hohen Wiederholungszahlen auch den Anforderungen des Tennissports.

Rainer Griebl (Weltmeister im Power-Lifting) bei einer Kniebeuge mit 287,5 kg

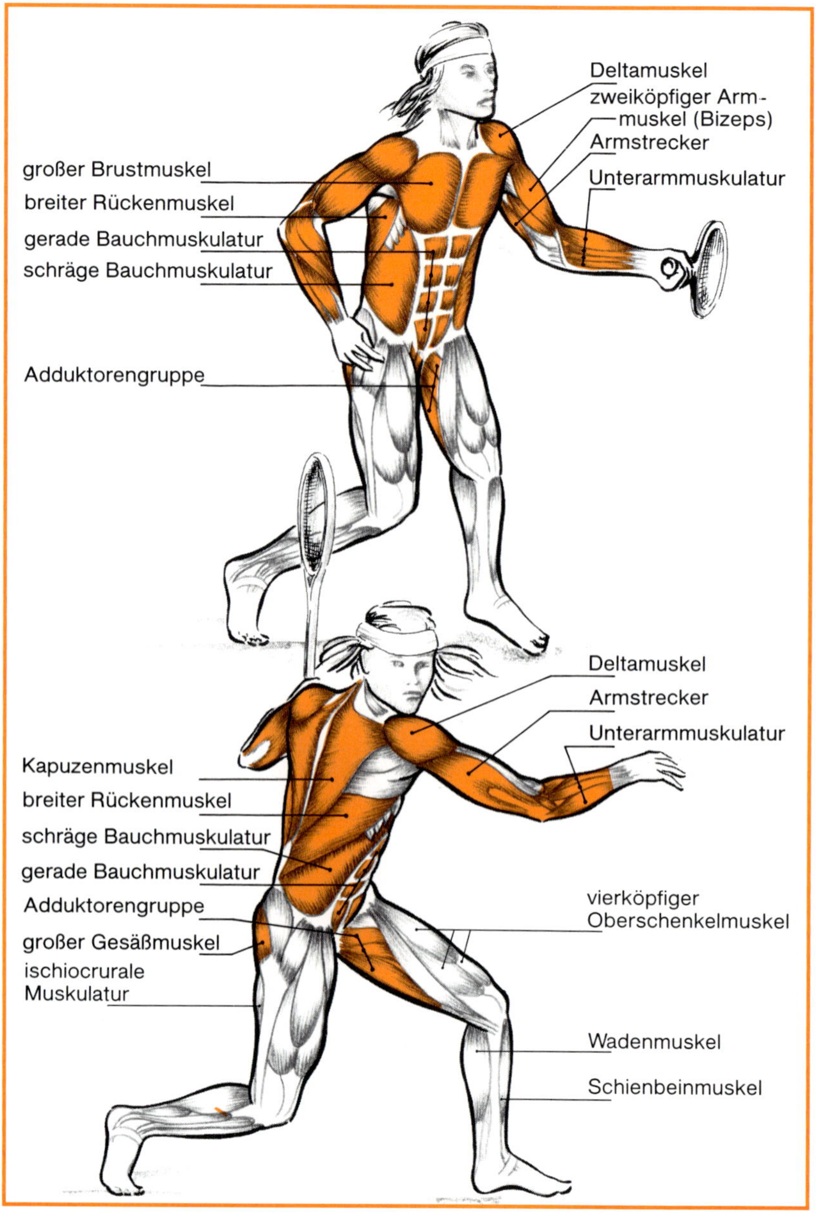
Deltamuskel
zweiköpfiger Armmuskel (Bizeps)
Armstrecker
Unterarmmuskulatur
großer Brustmuskel
breiter Rückenmuskel
gerade Bauchmuskulatur
schräge Bauchmuskulatur
Adduktorengruppe
Deltamuskel
Armstrecker
Unterarmmuskulatur
Kapuzenmuskel
breiter Rückenmuskel
schräge Bauchmuskulatur
gerade Bauchmuskulatur
Adduktorengruppe
großer Gesäßmuskel
ischiocrurale Muskulatur
vierköpfiger Oberschenkelmuskel
Wadenmuskel
Schienbeinmuskel

Spezifischer Einsatz und besondere Funktion der beanspruchten Muskulatur

Muskeln	Bewegungsmöglichkeit in Beziehung zur Gelenkachse	Hauptfunktion im typischen Bewegungsablauf	wichtige Nebenfunktionen	Hilfsmuskeln
Gerade Bauchmuskulatur (M. rectus abd.) Schräge Bauchmuskulatur (Mm. obliqui abd.) Adduktorengruppe (Mm. adductores)	Vorneigen, Seitneigen des Rumpfes, Verwringen Schulterachse/ Beckenachse Adduktion, Außenrotation im Hüftgelenk	Rumpffixieren für effektiven Armeinsatz, Rückhand, Beinstellung in Ausgangshaltung, kontrollierte Beinstellung in den tennisspezifischen Bewegungsabläufen (Ausfallschritt u. ä.)	Bewegungsübertragung Rumpf-Arme	Rückenmuskulatur (M. erector spinae u. a.)
Großer Gesäßmuskel (M. glutaeus max.)	Strecken, Außenrotation im Hüftgelenk	Antritt		Deltamuskel (M. deltoideus)
Breiter Rückenmuskel (M. latissimus dorsi) Großer Brustmuskel (M. pectoralis major)	Adduktion, Innenrotation der Arme im Schultergelenk	Aufschlag, Schmetterball, Volley, Vorhand, Volley	muskuläre Sicherung der Schultergelenke	Schultergürtelmuskeln (M. trapezius u. a.)
Armbeuger (M. biceps brachii) Armstrecker (M. triceps brachii)	Beugen, Supination Strecken	Vorhand, Volley Rückhand, Volley Aufschlag		
Unterarmmuskulatur (Mm. extensores carpi, Mm. flexores digitorum, Mm. extensores digitorum, Mm. flexores carpi) Handmuskulatur	Beugen, Strecken in Hand- u. Fingergelenken	Griffsicherung		

Programm zum Muskelaufbau für Tennisspieler (1. bis 6. Woche, mit Gewichten)

<table>
<tr><th rowspan="2">Aktion</th><th rowspan="2">Muskel-
bereich</th><th rowspan="2">Übung</th><th rowspan="2">Bild-
Nr.</th><th colspan="6">Trainingswoche</th></tr>
<tr><th>1.</th><th>2.</th><th>3.</th><th>4.</th><th>5.</th><th>6.</th></tr>
<tr><td rowspan="4">Alle Lauf-, Sprung- und Abbrems-bewegungen</td><td rowspan="2">Beine</td><td>Bein-
strecken</td><td>1</td><td>8–12
3–4</td><td>8–12
4</td><td>8–12
4–5</td><td>8–12
5</td><td>8–12
5–6</td><td>8–12
6</td></tr>
<tr><td>Fußstrecken</td><td>2</td><td></td><td></td><td></td><td></td><td></td><td></td></tr>
<tr><td rowspan="2">Beine
Hüfte</td><td>Hüftstrecken (liegend)</td><td>3</td><td></td><td></td><td></td><td></td><td></td><td></td></tr>
<tr><td>Beinhochziehen</td><td>4</td><td></td><td></td><td></td><td></td><td></td><td></td></tr>
<tr><td rowspan="4">Aushol- und Vorschnell-bewegungen des Rumpfes sowie Rumpf-stabilisierung</td><td rowspan="2">Bauch
Hüfte</td><td>Sit-ups ohne Gewicht</td><td>5</td><td colspan="5">Wiederholungs- und Satzzahlen gelten für alle Übungen</td><td></td></tr>
<tr><td>Rumpfdreh-Sit-ups ohne Gewicht</td><td>6</td><td></td><td></td><td></td><td></td><td></td><td></td></tr>
<tr><td rowspan="2">Rücken</td><td>Hüftheben o. G.</td><td>7</td><td colspan="6" rowspan="6">Pro Muskelbereich sind 2 Übungen aufgeführt, die abwechselnd zu trainieren sind.
Beispiel:
1. Woche/1. Einheit: Beinstrecken, Hüftstrecken, Sit-ups, Rumpfaufrichten, Butterfly, Armseitheben
2. Woche/2. Einheit: Fußstrecken, Beinhochziehen, Rumpfdreh-Sit-ups, Hüftheben, Butterfly bäuchlings, Pullover</td></tr>
<tr><td>Rumpfaufrichten</td><td>8</td></tr>
<tr><td rowspan="4">Alle Schlagarten</td><td rowspan="4">Schulter-
gürtel
und
Arme</td><td>Butterfly</td><td>9</td></tr>
<tr><td>Butterfly (bäuchlings)</td><td>10</td></tr>
<tr><td>Pullover</td><td>11</td></tr>
<tr><td>Armseitheben</td><td>12</td></tr>
</table>

Weiterhin empfehlen sich auch Trapezmuskelübungen (s. Seite 81, Übung 7), da der Trapezmuskel zur Fixierung des Schultergürtels beiträgt, die Schultern nach oben zieht und somit an allen Überkopfschlägen beteiligt ist.

Programm zum Kombinationstraining für Tennisspieler (7. bis 10. Woche, mit Gewichten)

Aktion	Muskelbereich	Übung	Bild-Nr.	Trainingswoche 7.	8.	9.	10.
Alle Lauf-, Sprung- und Abbremsbewegungen	Beine	Kniebeugen	13	10–9–8–7–6 50–70% (5)		9–8–7–6–5 55–75% (5)	
		Fußstrecken	2				
	Beine Hüfte	Beinrückheben	3				
		Beinschere o. G.	14				
Aushol- und Vorschnellbewegungen des Rumpfes sowie Rumpfstabilisierung	Bauch Hüfte	Beinheben o. G.	15	Wiederholungs- und Satzzahlen gelten für alle Übungen			
		Sit-ups o. G	5				
	Rücken	Rumpfaufrichten	8				
		Rumpfschwünge	16				
Alle Schlagarten	Schultergürtel und Arme	Butterfly	9				
		Butterfly (bäuchlings)	10				
		Armseitheben	12				
		Armstrecken	17				
		Handgelenkstrecken	18				
		Handgelenkbeugen	19				

Pro Muskelbereich sind 2 Übungen aufgeführt, die abwechselnd zu trainieren sind. Beispiele siehe 1. Programm.

1

2

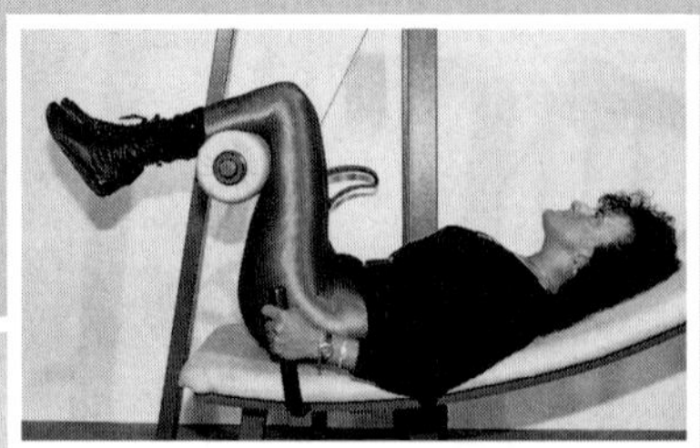
3

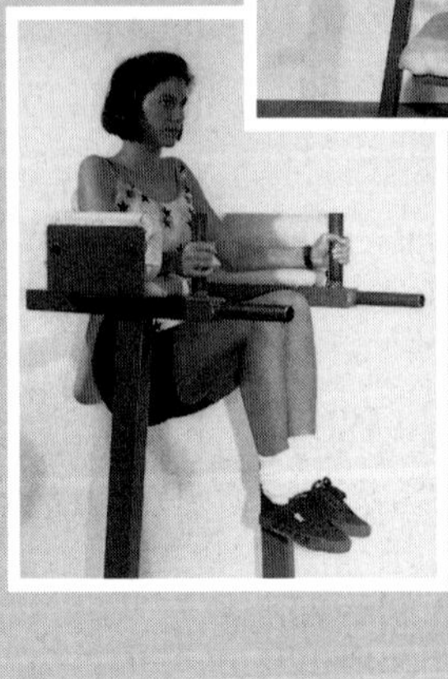
4

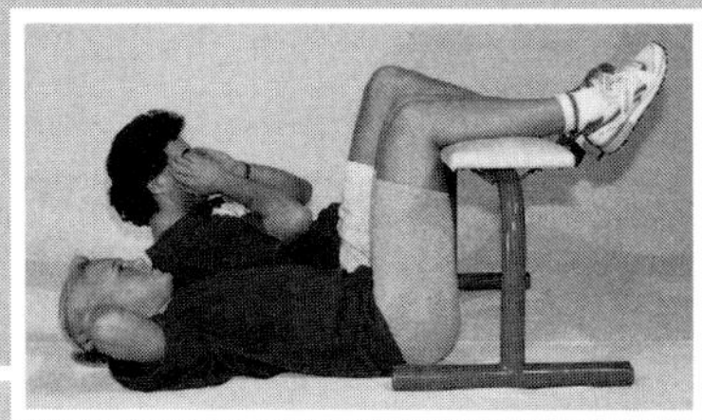
5

6

7

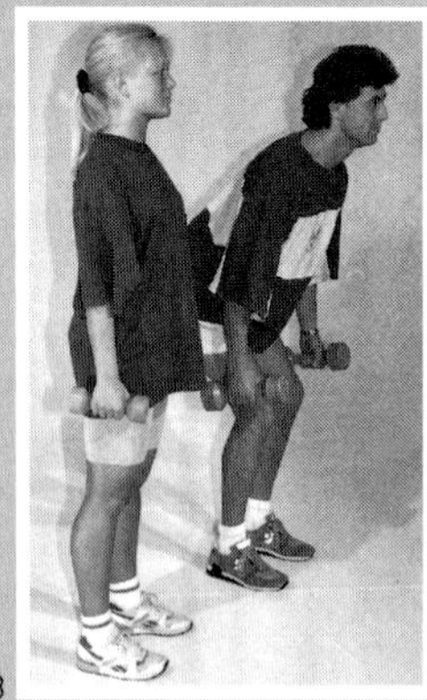
8

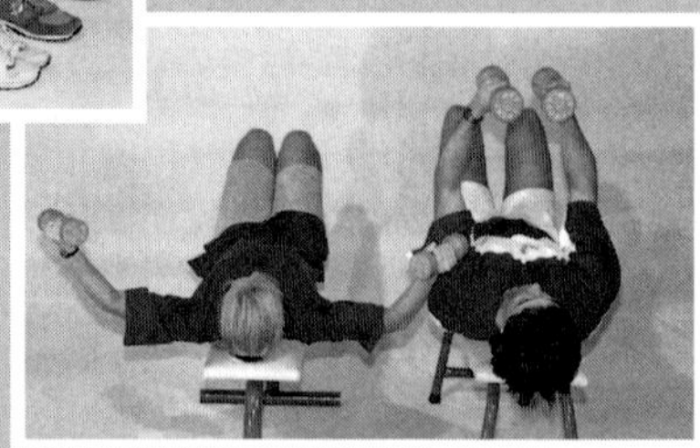
9

10

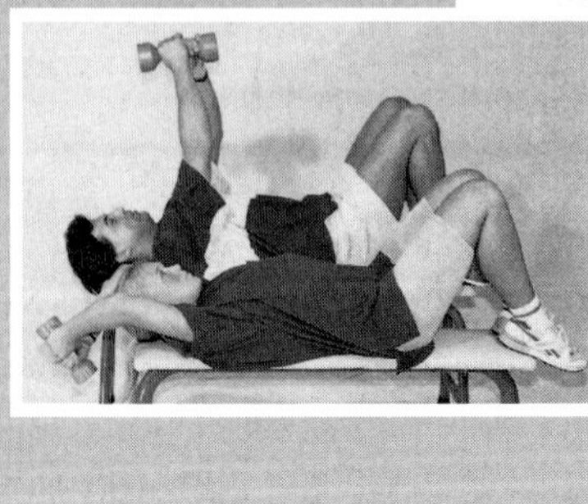
11

12

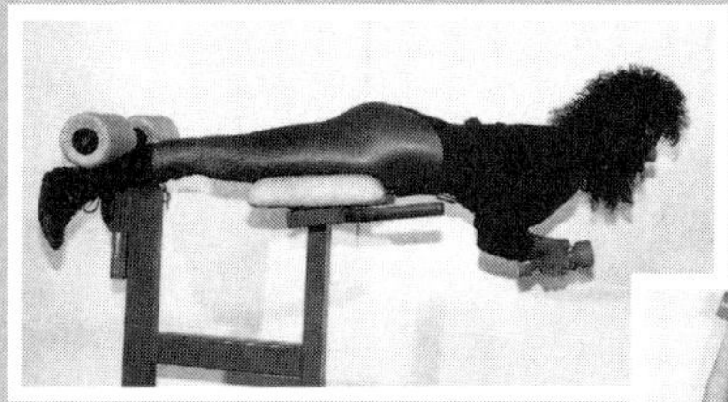

16

17a

13

17b

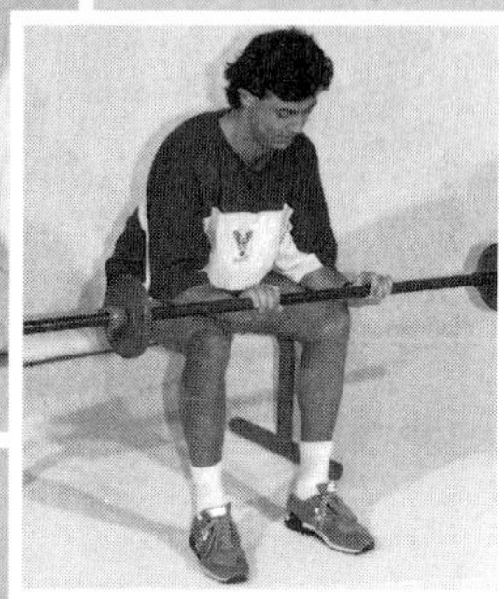

18

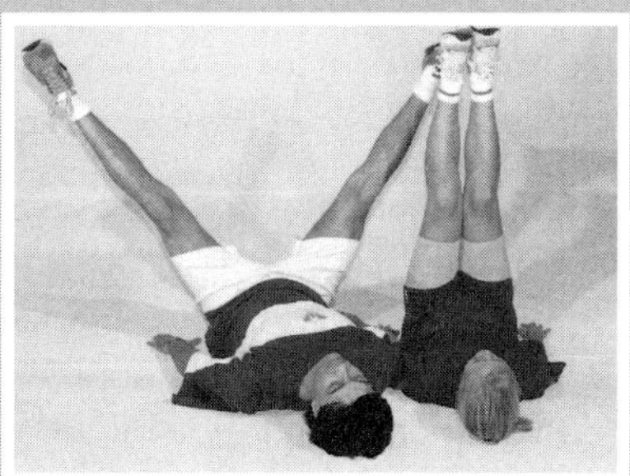

14

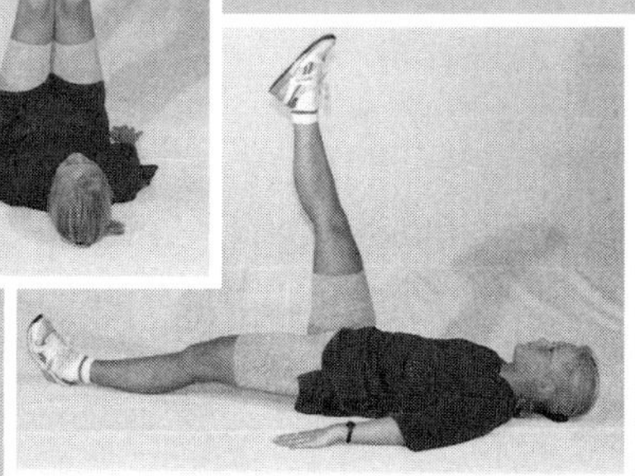

15

19

Programm für Surfer

Thematische Charakterisierung

Die Fähigkeit, das Gleichgewicht in den unterschiedlichen Situationen zu halten und gleichzeitig gezielte Aktionen zum Manövrieren durchführen zu können, stellt besondere Anforderungen an den aktiven Bewegungsapparat.

Die Information, daß man das Gleichgewicht zu verlieren droht, erhält der Mensch nicht nur durch das Gleichgewichtsorgan im Innenohr, sondern auch zusätzlich durch seine Augen, über Rezeptoren (Fühler) in der Haut, im Gelenkbereich, in Muskeln und Sehnen. Da im täglichen Leben die Anforderungen an das Gleichgewichtsempfinden relativ gering sind, verliert sich die Sensibilität für die genannten Rezeptoren, und man verläßt sich auf die Information der Augen. Je labiler aber das Gleichgewicht (z. B. Balancieren auf einem schmalen Balken, Surfen), desto wichtiger wird die möglichst frühzeitige Information. Nur auf diese Weise ist gewährleistet, daß bei kleiner Abweichung von der zum Erhalt des Gleichgewichts optimalen Haltung eine geringfügige Korrektur vorgenommen wird. Sie erfordert nur den Einsatz kleiner Muskelgruppen und hält wichtige Muskelpartien frei für den eigentlichen Handlungsablauf. Besondere Bedeutung erlangt in diesem Sinne die Muskulatur des Unterschenkels, die in ihrer Wirkung auf das obere und untere Sprunggelenk entscheidenden Einfluß auf die Korrektur der Körperhaltung nimmt. Unterstützt durch ein entsprechendes Kraftpotential der Oberschenkel- und Hüftmuskulatur, die die Haltung des Kniegelenkes und des Beckens kontrollieren, wird der Rumpf weitgehend freigestellt von Korrekturbewegungen und kann damit als zuverlässiger Fixpunkt für die Schultergürtel- und Armmuskulatur fungieren. Wenn oben genannte muskuläre Voraussetzungen gegeben sind, wird das Leistungs- und damit Anspruchsniveau zunehmen, die Anforderungen an Armkraft und Haltekraft des Schulter-, des Beckengürtels und der Beine steigen. Die wohl für die meisten Surfer erzwungene Winterpause sollte daher genutzt werden, um durch Steigerung der Leistungsfähigkeit des aktiven Bewegungsapparates die Möglichkeit zur Bewältigung gestellter Aufgaben in der nächsten Saison zu eröffnen.

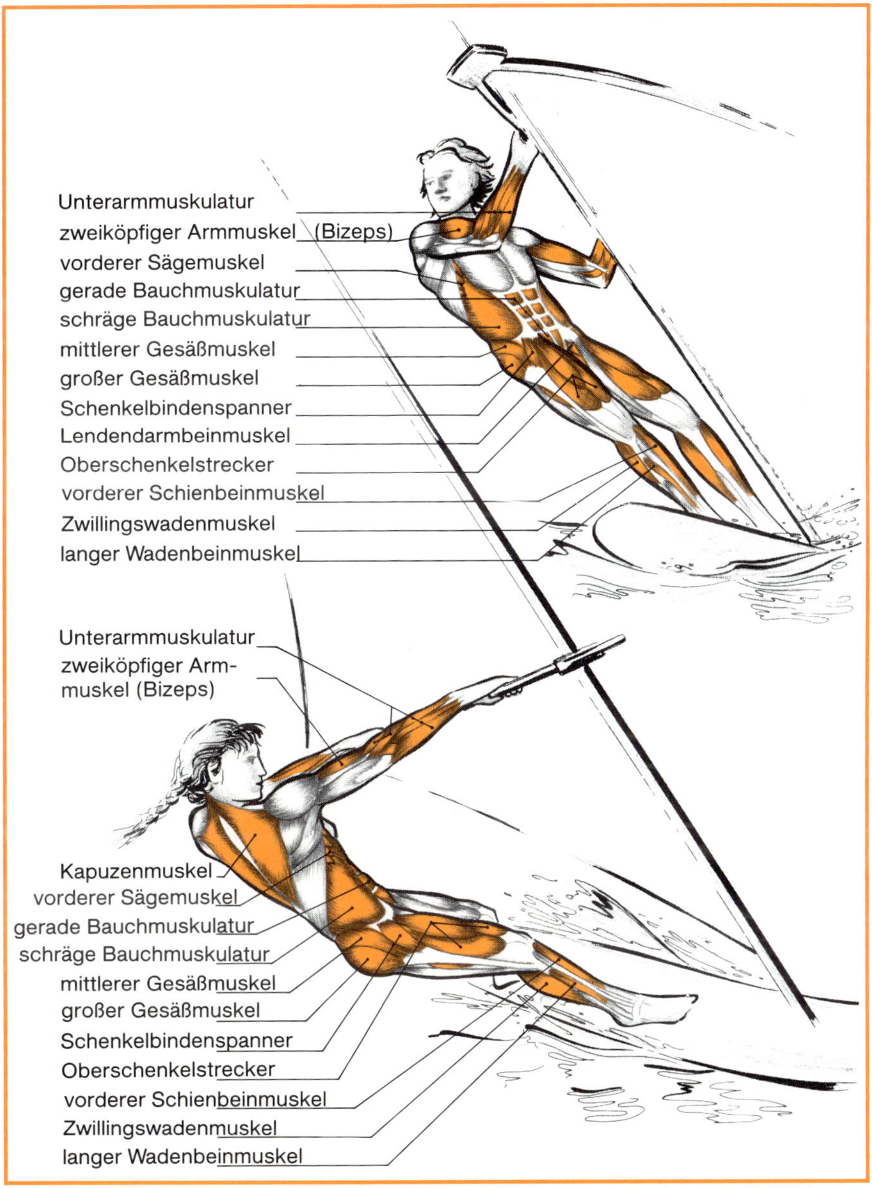
Unterarmmuskulatur
zweiköpfiger Armmuskel (Bizeps)
vorderer Sägemuskel
gerade Bauchmuskulatur
schräge Bauchmuskulatur
mittlerer Gesäßmuskel
großer Gesäßmuskel
Schenkelbindenspanner
Lendendarmbeinmuskel
Oberschenkelstrecker
vorderer Schienbeinmuskel
Zwillingswadenmuskel
langer Wadenbeinmuskel
Unterarmmuskulatur
zweiköpfiger Armmuskel (Bizeps)
Kapuzenmuskel
vorderer Sägemuskel
gerade Bauchmuskulatur
schräge Bauchmuskulatur
mittlerer Gesäßmuskel
großer Gesäßmuskel
Schenkelbindenspanner
Oberschenkelstrecker
vorderer Schienbeinmuskel
Zwillingswadenmuskel
langer Wadenbeinmuskel

Spezifischer Einsatz und besondere Funktion der beanspruchten Muskulatur

Muskeln	Bewegungsmöglichkeiten in Beziehung zur Gelenkachse	Hauptfunktion im typischen Bewegungsablauf	wichtige Nebenfunktionen	Hilfsmuskeln
Gerade Bauchmuskulatur (M. rectus abd.) Schräge Bauchmuskulatur (Mm. obliqui abd.) Rückenstrecker (M. erector spinae)	Beugen, Drehen, Strecken des Rumpfes	Körperspannung	Kontrolle der Beckenstellung	Schultergürtelmuskulatur (M. rectus abd.), Hüftmuskulatur
Großer Gesäßmuskel (M. glutaeus max.) Kleine Gesäßmuskeln (Mm. glutaei med. et min.), Hüftbeuger (M. iliopsoas)	Strecken, Seitneigen (Abduktion), Beugen im Hüftgelenk	Sicherung der Beckenstellung	Körperspannung	gerade Bauchmuskulatur (M. rectus abd.) Rückenstrecker (M. erector spinae)
Kapuzenmuskel (M. trapezius)	Heben, Senken, Rückführen des Schultergürtels	Schaffen eines verläßlichen punctum-fixums für Einsatz der Arm- u. Schultermuskeln	Körperspannung	Schultergürtelmuskulatur, breiter Rückenmuskel (M. latissimus dorsi)
Armbeuger (M. biceps brachii) Unterarmmuskulatur (Mm. extensores et flexores carpi et digitorum)	Beugen im Ellenbogengelenk, Beugen und Strecken in Hand- und Fingergelenken	Halten des Gabelbaums und Steuern durch Korrigieren der Maststellung	Sicherung von Ellenbogen- und Schultergelenk	Armbeuger (M. brachioradialis, M. brachialis), Schultermuskeln
Schenkelstrecker (M. quadriceps fem.) Adduktorengruppe (Mm. adductores) Schenkelbindenspanner (M. tensor fasciatae latae)	Beugen im Hüftgelenk, Strecken im Kniegelenk, Zusammenschluß der Beine	Gleichgewichtssicherung auf dem Brett, Manövrieren	Beckenfixieren, Oberschenkelstabilisierung	gerade Bauchmuskulatur (M. rectus abd.), gr. Gesäßmuskel (M. glutaeus max.), ischiocrurale Muskelgruppe
Unterschenkelmuskeln (M. gastrocnemius, Mm. peronei, M. tibialis ant.)	Beugen und Strecken im oberen Sprunggelenk, Pronation u. Supination im unteren Sprunggelenk	Standsicherung auf dem Brett, Fußsteuerung	Sicherung und Fixierung der Sprunggelenke	tiefe Unterschenkelmuskeln

Programm zum Muskelaufbau für Windsurfer (1. bis 8. Woche, mit Gewichten)

Aktion	Muskelbereich	Übung	Bild-Nr.	Trainingswoche 1.	2.	3.	4.	5.	6.	7.	8.
Bewegungen zur Schwerpunktverlagerung des Körpers bei Hock- u. Knieschubtechnik	Beine	Fußstrecken	1	8–12 3–4	8–12 4	8–12 4–5	8–12 5	8–12 5–6	8–12 6	8–12 6	8–12 6
		Beinstrecken	2								
	Beine	Beinbeugen	3								
	Hüfte	Kurzhantelkniebeuge	4								
Rumpfstabilisierung u. Bewegungen zur Schwerpunktverlagerung des Körpers bei Hock- und Knieschubtechnik	Bauch	Sit-ups o. G.	5		Wiederholungs- und Satzzahlen gelten für alle Übungen						
	Hüfte	Dreh-Sit-ups	6								
	Hüfte	Hüftheben o. G.	7								
	Rücken	Rumpfaufrichten (an Maschine)	8								
Grifftätigkeit u. Schwerpunktverlagerung des Körpers bei allen Techniken	Schultergürtel/Arme	Bizepscurl	9								
		Bankziehen*	10								
	Arme	Handgelenkbeugen (Rist-/Kammgriff)	11								
		Handgelenkstrecken (Kamm-/Ristgriff)	12								

* Bankziehen abwechselnd mit Ristgriff, Kamm- und Zwiegriff durchführen (Abb. 10 zeigt Ristgriff)

1. Woche/1. Einheit
Fußstrecken, Kurzhantelkniebeuge, Sit-ups, Hüftheben, Bizepscurl, Handgelenkbeugen

2. Woche/2. Einheit
Beinbeugen, Beinstrecken, Sit-ups, Rumpfaufrichten, Bankziehen, Handgelenkstrecken

Programm zum intramuskulären Koordinationstraining für Windsurfer (9. bis 13. Woche, mit Gewichten), (9. + 10. Woche Kombinationstraining, 11. bis 13. Woche intramuskuläres Training)

Aktion	Muskelbereich	Übung	Bild-Nr.	Trainingswoche				
				9.	10.	11.	12.	13.
s. Programm 1	Beine	Fußstrecken	1	8–7–6–5–4 60–80% (5)		4 80% 5	3 85% 5–6	2 90% 6
	Hüfte	Kniebeugen (hinten)	13					
	Bauch Hüfte	Rumpfvorbeugen (an Maschine)	14	12–12–10–10–8 40–60% (5)		7 65% 5	6 70% 5–6	5 75% 6
		Beinheben (gestreckt)	15					
	Hüfte	Hüftheben o. G.	16					
	Rücken	Latziehen (horizontal)	17					
	Schultergürtel Arme	Bankdrücken	18	8–7–6–5–4 60–80% (5)		4 80% 5	3 85% 5–6	2 90% 6
		Bankziehen (Ristgriff)	10					
	Arme	Handgelenkbeugen (Kammgriff)	11	12–12–10–10–8 40–60% (5)		7 65% 5	6 70% 5–6	5 75% 6
		Handgelenkstrecken (Ristgriff)	12					

1. Woche/1. Einheit
Kniebeugen, Sit-ups, Latziehen, Bankziehen, Handgelenkstrecken

2. Woche/2. Einheit
Fußstrecken, Beinheben, Hüftheben, Bankdrücken, Handgelenkbeugen

1

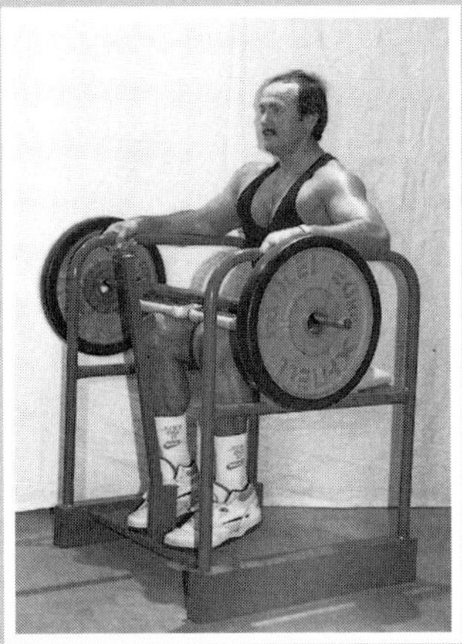

4

5

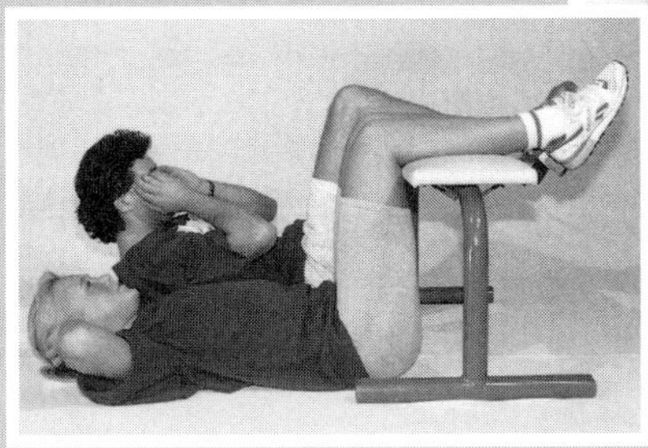

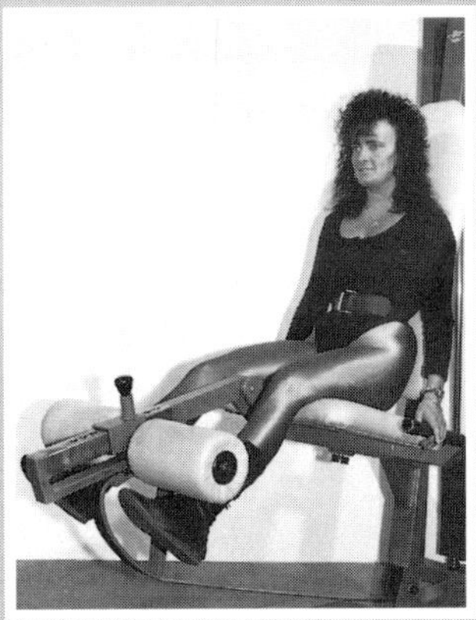

2

6

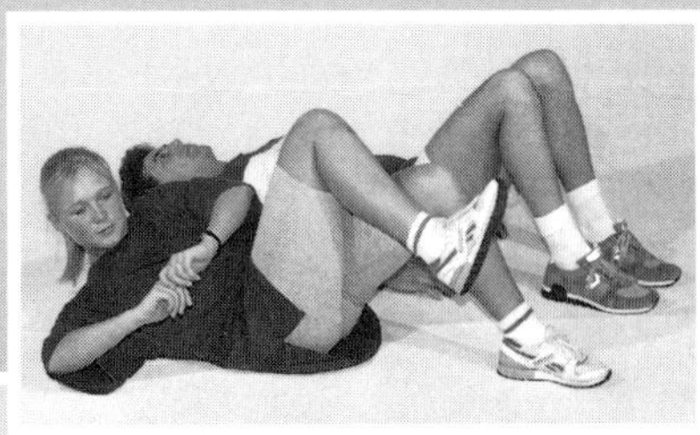

7

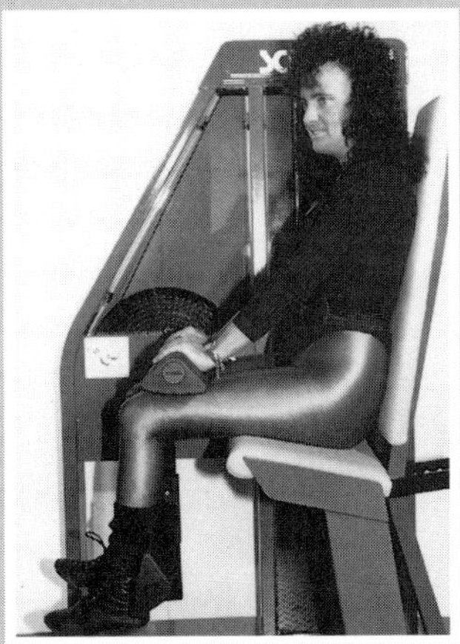

3

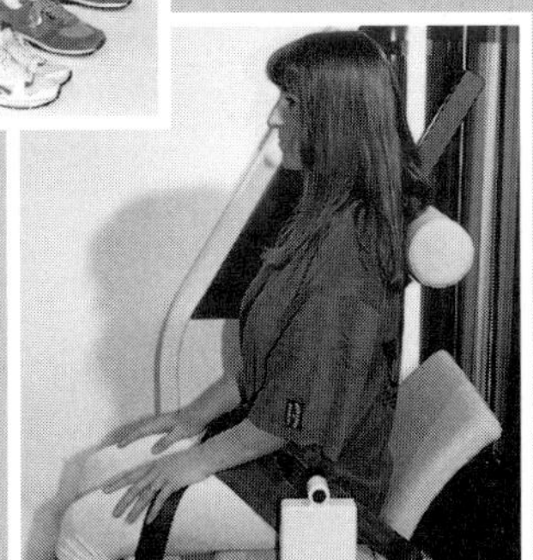

8

9

13

14

10

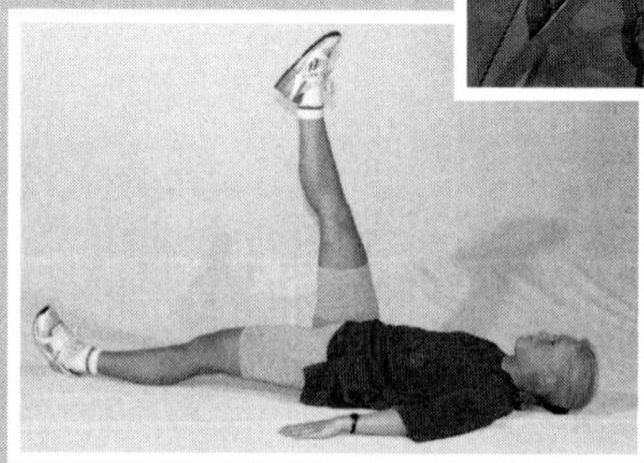

15

11

16

12

17

18

Programm für alpine Skifahrer

Thematische Charakterisierung

Im Gegensatz zu vielen anderen Sportarten bringt der alpine Skisport durch seine außergewöhnlichen äußeren Bedingungen wie Höhenlage, Kälte, Wind und Schneefall ein erhebliches Verletzungsrisiko mit sich.
Nicht nur angestrebte Leistungsverbesserungen, sondern auch die Verringerung des Verletzungsrisikos setzen einen entsprechenden konditionellen Zustand voraus.
Dies betrifft insbesondere den Fitneß- und Freizeitskilauf, da in diesem Bereich rund 75 % aller Skiunfälle auf Konditionsmängel zurückzuführen sind. Da die konditionelle Komponente Kraft z. B. beim Stockeinsatz, bei allen Schwungformen oder der Abfahrtshocke eine wesentliche Rolle spielt, ist es notwendig, ein spezielles Krafttraining für den alpinen Skisport zu betreiben. Außerdem wirkt die Kraft auch positiv auf die Schnelligkeit und z. T. auch auf die Flexibilität. Grundsätzlich erfordert der alpine Skilauf die Kraft sowohl in dynamischer als auch statischer Arbeitsweise sowie in den Erscheinungsformen Kraftausdauer, Schnell- und Maximalkraft. So findet z. B. im Abfahrtslauf (Abfahrtshocke) eine vorwiegend statische Kraftausdauerbeanspruchung der Bein- und Hüftmuskulatur statt; bei der Landung nach Sprüngen aufgrund von Bodenwellen wird dagegen dieselbe Muskulatur auf dynamische Maximalkraft beansprucht.
Bei Umsteigeschwüngen und Stockeinsatz z. B. im Slalom findet wiederum eine schnellkraftmäßige Beanspruchung der leistungsbestimmenden Muskulatur statt. Eine optimale Kraftvorbereitung bedarf somit also der Berücksichtigung aller Arbeitsweisen und Erscheinungsformen der Kraft. Da wir aufgrund der bestehenden Abhängigkeiten zwischen den Arbeitsweisen und Erscheinungsformen der Kraft (s. S. 10 ff.) aber davon ausgehen können, daß statische Kraft und Kraftausdauer durch das dynamische Maximalkrafttraining sowie den im Skisport üblichen Trainingsmaßnahmen wie Kraftgymnastik oder Zirkeltraining mit verbessert werden, beschränken sich die hier angebotenen Programme auf die Maximalkraft. Die Schnellkraft wird im Skisport vorwiegend durch Techniktraining verbessert; sie kann jedoch auch durch spezifische Übungen geschult werden (vgl. BLV-Sportwissen »Krafttraining«).
Besondere Beachtung im Training sollte der Haltemuskulatur des Rumpfes und der Beinbeugemuskulatur gelten. Begründung: Die Beinbeugemuskulatur trägt ebenso wie die Streckmuskulatur nicht nur wesentlich zur Stabilisierung der im alpinen Skisport sehr beanspruchten bzw. strapazierten Kniegelenke bei, sondern auch zur Aufrechter-

haltung der Abfahrtshocke. So wird z. B. eine Veränderung der Abfahrtshocke nach unten durch die Streckmuskulatur und nach oben (d. h. eine Öffnung des Oberkörpers aufgrund von Bodenwellen) durch die Kniegelenkbeugemuskulatur verhindert. Um so erstaunlicher ist es, daß in der Krafttrainingspraxis der alpinen Skifahrer in der Regel eine Stärkung der Kniegelenkbeugemuskulatur kaum Beachtung findet. Nach sportpraktischen Erkenntnissen muß zwischen Streckern und Beugern ein Verhältnis von 3 : 2 vorliegen. Kann die Übung Kniegelenkstrecken z. B. mit 45 kg, Kniegelenkbeugen dagegen nur mit 25 kg durchgeführt werden, besteht ein Mißverhältnis, das zu Verletzungen führen kann. Als Maßnahme muß das Streckertraining zugunsten des Beugetrainings reduziert werden, bis mit 30 kg das angestrebte Verhältnis von 3 : 2 erreicht ist.

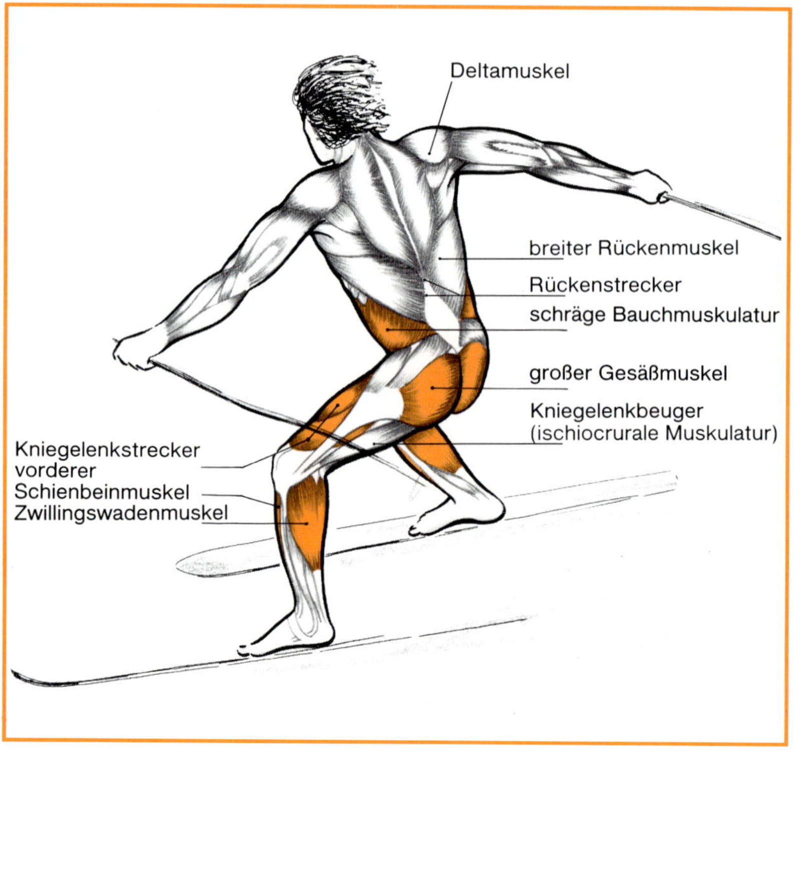

Sportartspezifischer Einsatz und besondere Funktion der beanspruchten Muskulatur

Muskeln	Bewegungsmöglichkeit in Beziehung zur Gelenkachse	Hauptfunktion im typischen Bewegungsablauf	wichtige Nebenfunktionen	Hilfsmuskeln
Adduktorengruppe (Mm. adductores)	Adduktion, Außenrotation des Hüftgelenkes	Kanten, Schwünge, Zusammenhalten der Beine	Beckenstabilisierung	Hüftmuskeln
Kniegelenkstrecker (M. quadriceps fem.)	Strecken u. Fixieren des Kniegelenkes	Abfahrtshocke, Abfangen von Bodenunebenheiten ohne Verlagerung des Körperschwerpunktes, Hoch- und Tiefentlastung	Beckenkippung	großer Gesäßmuskel (M. glutaeus max.), Ischiocrurale Muskulatur (Mm. ischiocrurales), Adduktoren (Mm. adductores), Wadenmuskel (M. gastrocnemius)
Vorderer Schienbeinmuskel (M. tibialis anterior)	Dorsalflexion im oberen Sprunggelenk		Regulierung der Plantarflexion, Fixierung des unteren Sprunggelenkes	Wadenmuskel (M. gastrocnemius)
Schräge Bauchmuskulatur (Mm. obliqui abd.)	Rotation u./od. Neigung des Beckengürtels gegen den Schultergürtel	Slalom, Fixierung des Oberkörpers gegen Verdrehen	Fixierung des Rumpfes	Rückenstrecker (M. erector spinae), Schultergürtelmuskulatur

Programm zum Muskelaufbau für alpine Skifahrer (1. bis 8. Woche, mit Gewichten)

Aktion	Muskelbereich	Übung	Bild-Nr.	Trainingswoche							
				1.	2.	3.	4.	5.	6.	7.	8.
Abfahrtshocke	Beine	Beinstrecken	1	8–12 3–4	8–12 4	8–12 4–5	8–12 5	8–12 5–6	8–12 6	8–12 6	8–12 6
		Beinbeugen	2								
Schwungformen	Hüfte	Hüftstrecken (liegend)	3								
		Beinhochziehen	4								
Rumpfstabilisierung zur Aufrechterhaltung der Abfahrtshocke, Dreh- u. Ausgleichsbewegungen (z. B. beim Slalom),	Bauch	Sit-ups ohne o. G.	5		Wiederholungs- und Satzzahlen gelten für alle Übungen						
		Rumpfvorbeugen (an Maschine)	6								
	Hüfte	Rumpfdreh-Sit-ups o. G.	7								
	Rücken	Rumpfaufrichten	8								
		Hüftheben o. G.	9								
Stockeinsatz	Schultergürtel/Arme	Kurzhanteldrücken	10								
		Bankdrücken	11								

Pro Muskelbereich sind 2 Übungen aufgeführt, die abwechselnd zu trainieren sind.

1. Einheit: Beinstrecken, Hüftstrecken, Sit-ups, Rumpfaufrichten, Bankdrücken

2. Einheit: Beinbeugen, Beinhochziehen, Rumpfdreh-Sit-ups, Hüftheben, Kurzhanteldrücken

Weiterhin empfehlen sich zur Stabilisierung und als Verletzungsprophylaxe des oberen und unteren Sprunggelenkes die Übungen »Fußstrecken« und »Fußbeugen« (s. Seite 117, Übung 2 b).

Programm zum Kombinations- und intramuskulären Koordinationstraining für alpine Skifahrer (9. bis 13. Woche, mit Gewichten), (9. bis 10. Woche Kombinationstraining, 11. bis 13. Woche intramuskuläres Training)

Aktion	Muskelbereich	Übung	Bild-Nr.	Trainingswochen				
				9.	10.	11.	12.	13.
Abfahrtshocke Schwungformen	Beine	Kniebeugen (hinten)	12	8–7–6–5–4 60–80% (5)		4 80% 5	3 85% 5–6	2 90% 6
		Beinspreizen- u. -schließen	13	12–12–10–10–8 40–60% (5)		7 65% 5	6 70% 5–6	5 75% 6
	Hüfte	Beinrückheben	3					
		Beinhochziehen	4					
Rumpfstabilisierung zur Aufrechterhaltung der Abfahrtshocke, Dreh- u. Ausgleichsbewegungen (z. B. beim Slalom)	Bauch	Rumpfschwünge	14					
		Beinheben	15					
	Hüfte	Beinspreizen	17					
		Beinschließen	18					
	Rücken	Rumpfaufrichten	7					
		Bankziehen	16					
Stockeinsatz	Schultergürtel/Arme	Bankdrücken	10	8–7–6–5–4 60–80% (5)		4 80% 5	3 85% 5–6	2 90% 6
		Bankziehen	16					

Pro Muskelbereich sind 2 Übungen aufgeführt, die abwechselnd zu trainieren sind.
Beispiele s. 1. Programm.

1a

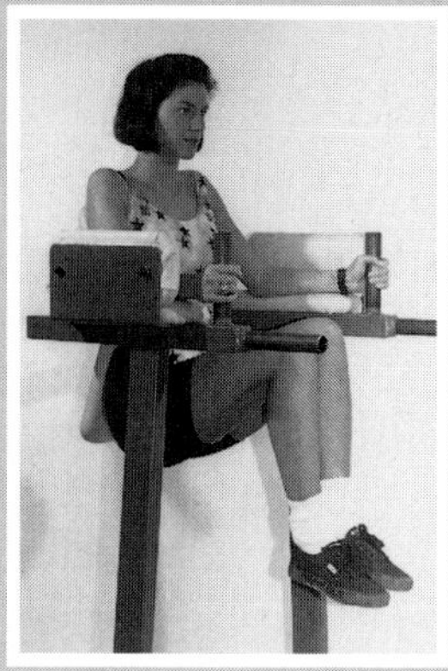

4

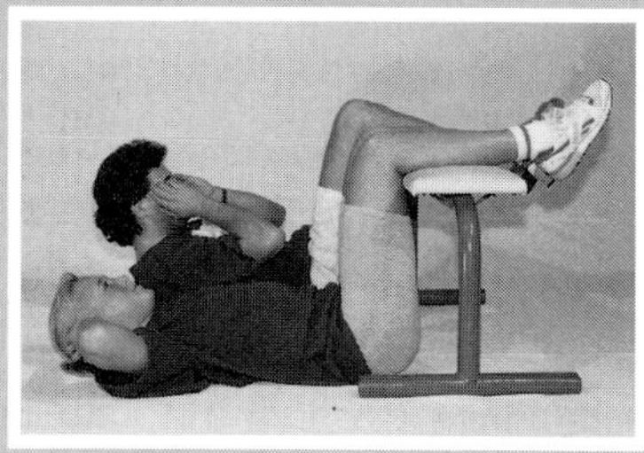

5

1b

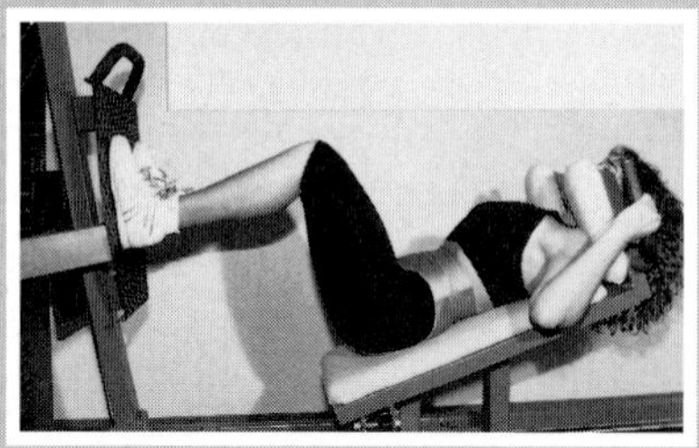

6

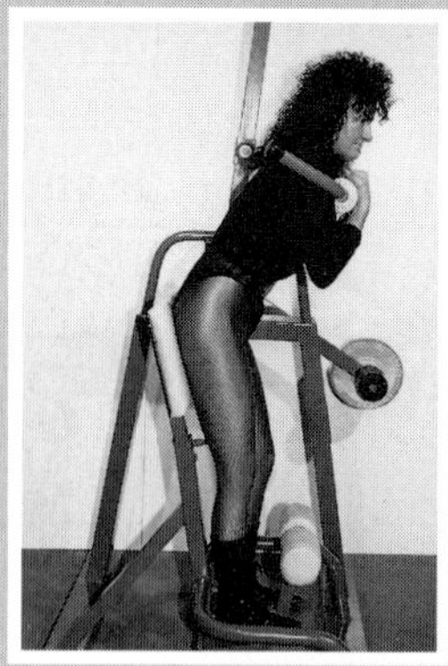

2

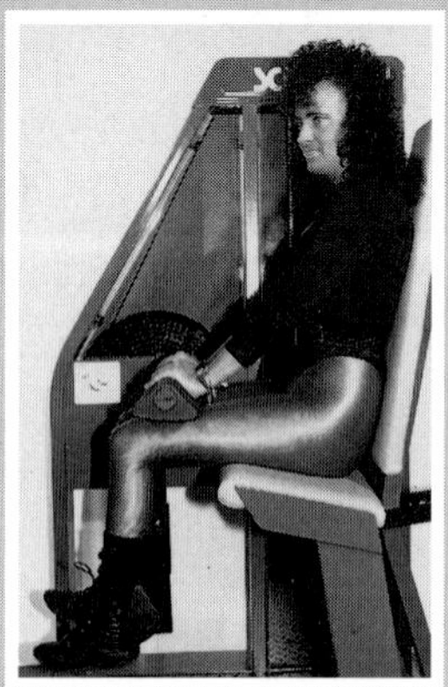

7

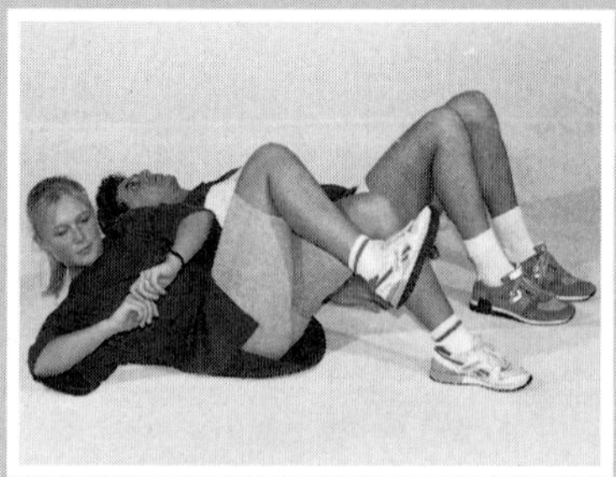

8

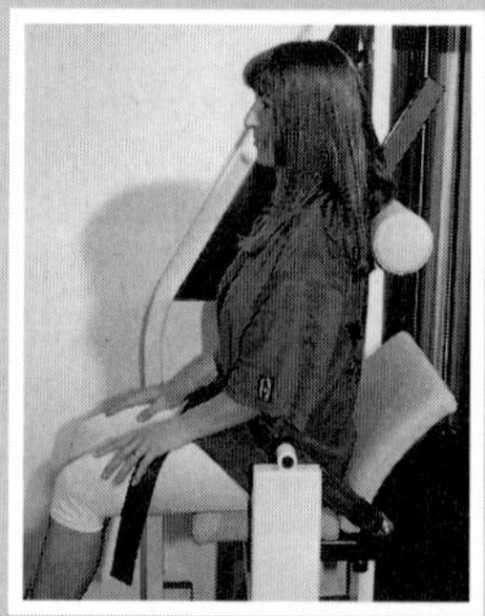

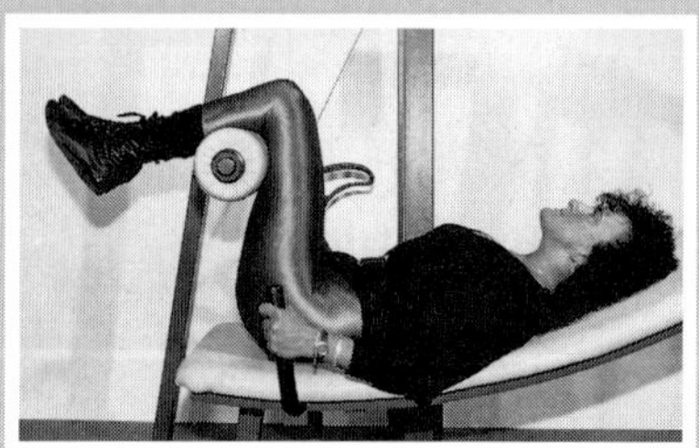

3

9

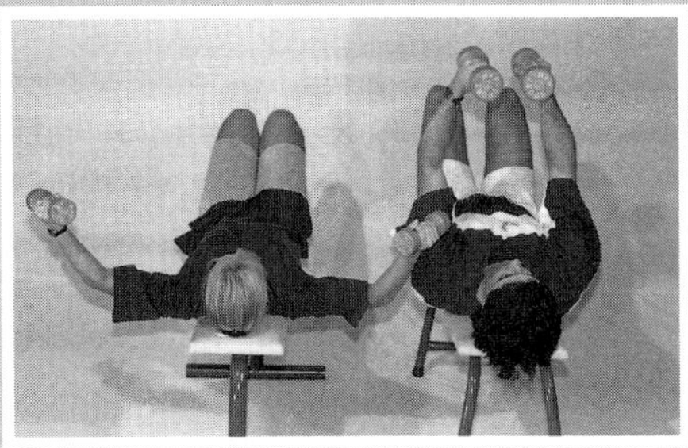

10

11

12

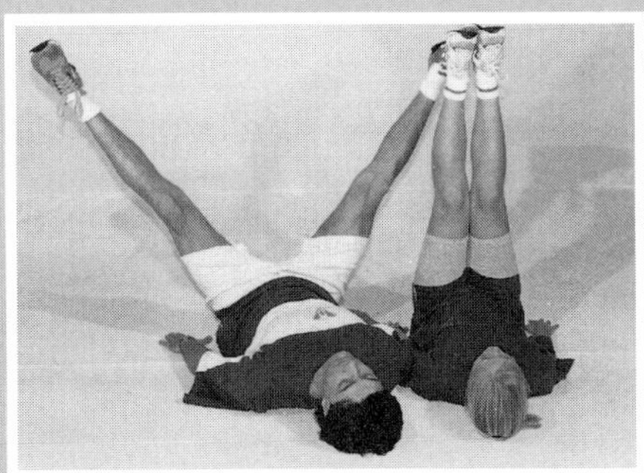

13

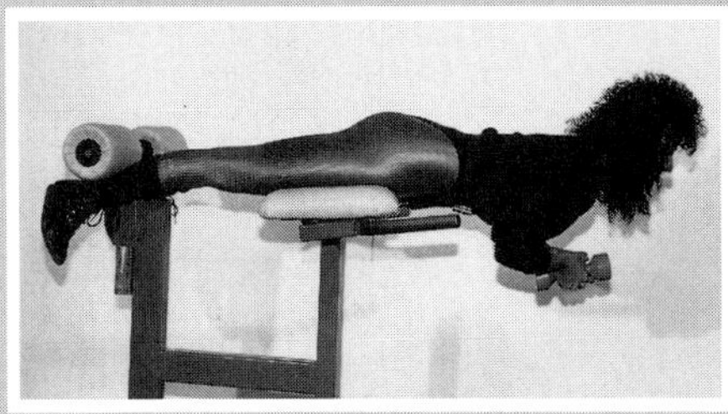

14

15

16

17

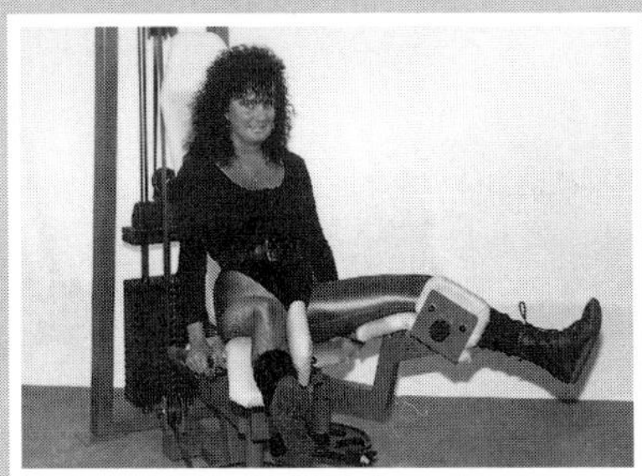

18

Programm für Skilangläufer

Thematische Charakterisierung

Die bereits im alpinen Skisport angesprochenen äußeren Bedingungen wie Kälte, Wind, Schneefall und Höhenlage treffen auch auf den Skilanglaufsport zu. Allerdings sind die Verletzungsgefahren gegenüber dem Alpinsport weniger groß.
Daß dennoch Verletzungen auftreten können, ist wie in den meisten Sportarten auch im Skilanglauf zum Großteil auf ungenügende konditionelle Vorbereitung zurückzuführen. Nicht nur die Zielstellung Leistungssteigerung, sondern auch die Vorbeugung vor Verletzungen bedingt entsprechende konditionelle Voraussetzungen.
Die Kraft als konditionelle Komponente des Skilanglaufs trägt in dynamischer Arbeitsweise und der Erscheinungsform Kraftausdauer und Schnellkraft wesentlich zur Realisierung beider Zielstellungen bei. Bezüglich einer Leistungssteigerung ist die Kraft zur Durchführung eines optimalen Stockeinsatzes und explosiver Beinabstöße unerläßlich. Eine Vorbeugung vor Verletzungen aufgrund von Kraftsteigerung ergibt sich durch die mitgestärkte Haltemuskulatur. Gleichzeitig lassen sich damit Gleichgewichtsfunktionen besser aufrechterhalten; außerdem werden Gelenke mit reiner oder teilweiser Muskelführung wie z. B. Schulter- und Kniegelenk – beides Gelenke, die im Skilanglauf einer hohen Beanspruchung unterliegen – besser abgesichert bzw. stabilisiert. Dominierend sind Kraftausdauer und Schnellkraft.
Trotzdem wird aber aufgrund der bestehenden Zusammenhänge zwischen Maximal- und Kraftausdauer (s. S. 35 f.) auf ein zusätzliches Kraftausdauertraining verzichtet, zumal die Ausdauer als Teilkomponente der Kraftausdauer schon durch sportartspezifische Trainingsformen und den Skilanglauf selbst trainiert wird. Des weiteren bedingt der permanente Stockeinsatz im Skilanglauf höhere Kraftfähigkeiten in Rumpf, Schultergürtel und Armen als im alpinen Skisport. Entsprechend sind in den Programmen vermehrt Übungen dafür berücksichtigt.

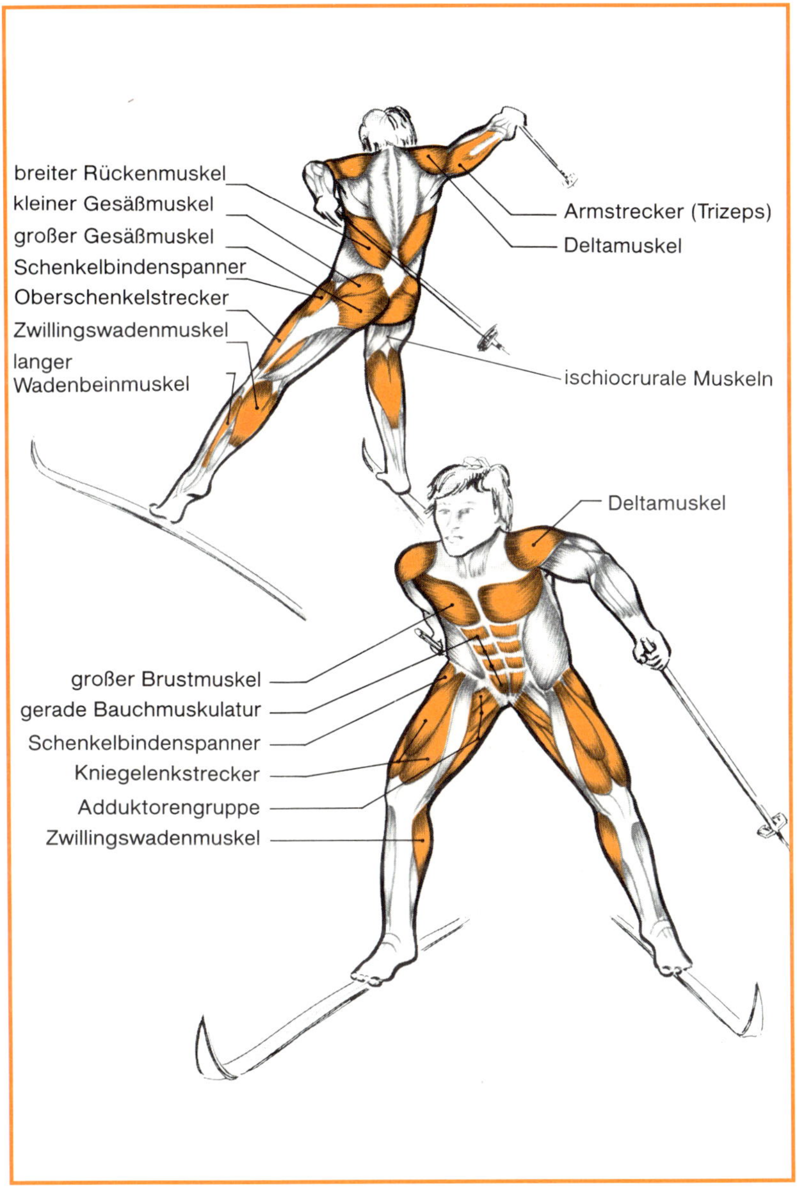

breiter Rückenmuskel
kleiner Gesäßmuskel
großer Gesäßmuskel
Schenkelbindenspanner
Oberschenkelstrecker
Zwillingswadenmuskel
langer Wadenbeinmuskel
Armstrecker (Trizeps)
Deltamuskel
ischiocrurale Muskeln
Deltamuskel
großer Brustmuskel
gerade Bauchmuskulatur
Schenkelbindenspanner
Kniegelenkstrecker
Adduktorengruppe
Zwillingswadenmuskel

Spezifischer Einsatz und besondere Funktion der beanspruchten Muskulatur

Muskeln	Bewegungsmöglichkeit in Beziehung zur Gelenkachse	Hauptfunktion im typischen Bewegungsablauf	wichtige Nebenfunktionen	Hilfsmuskeln
Großer Gesäßmuskel (M. glutaeus max.)	Streckung in der Hüfte	Abdruck	Fixieren des Beckens	kleine Glutaeen (Mm. glutaei med. et min.)
Kniegelenkstrecker (M. quadriceps fem.)	Streckung im Kniegelenk	Abdruck		
Wadenmuskeln (M. gastrocnemius, M. soleus)	Streckung im oberen Sprunggelenk	Abdruck	Stabilisieren des oberen u. unteren Sprunggelenkes zum Abdruck über Großzehenballen	Wadenbeinmuskel (M. peroneus)
Schienbeinmuskel (M. tibialis anterior)	Beugung im oberen Sprunggelenk	Anheben der Fußspitze beim Schlittschuhschritt		
Ischiocrurale Muskeln (Mm. ischiocrurales)	Beugung im Kniegelenk	Abdruck, Schwungbeineinsatz	Strecken der Hüfte, nicht ins Hohlkreuz fallen	gerader Bauchmuskel (M. rectus abd.)
Hüftbeuger (M. iliopsoas)	Beugung im Hüftgelenk	Vorbringen des Schwungbeines	Beinführung	Schenkelbindenspanner (M. tensor fasciae latae), M. rectus fem.
Deltamuskel (M. deltoideus)	Vor-, Rückschwingen	Armeinsatz	Fixieren des Schultergürtels am Rumpfskelett	Schultergürtelmuskulatur
Breiter Rückenmuskel (M. latissimus dorsi)	Rückschwingen			
Armstrecker (M. triceps brachii)	Rückschwingen			
Großer Brustmuskel (M. pectoralis maj.)	Vorschwingen des Armes			
Gerader Bauchmuskel (M. rectus abd.)	Vorneigen des Rumpfes	effektive Gestaltung des Doppelstockschubs	Stabilisieren von Rumpf u. Hüfte	schräge Bauchmuskulatur (Mm. obliqui abd.) Rückenstrecker (M. erector spinae)

Programm zum Muskelaufbau für Skilangläufer (1. bis 8. Woche, mit Gewichten)

Aktion	Muskelbereich	Übung	Bild-Nr.	Trainingswoche 1.	2.	3.	4.	5.	6.	7.	8.
Alle Laufformen	Beine	Beinstrecken	1	8–12 3–4	8–12 4	8–12 4–5	8–12 5	8–12 5–6	8–12 6	8–12 6	8–12 6
		Fußstrecken, -beugen	2								
	Beine	Hüftstrecken (liegend)	3								
	Hüfte	Beinhochziehen	4								
Rumpfstabilisierung u. Unterstützung der Beinstreckung u. des Stockeinsatzes	Bauch	Sit-ups	5		Wiederholungs- und Satzzahlen gelten für alle Übungen						
	Hüfte	Rumpfdreh-sit-ups	6								
	Rücken	Bankziehen	7								
		Hüftheben o. G.	8								
Stockeinsatz	Schultergürtel u. Arme	Bankdrücken	9								
		Trizepsdrücken	10								
		Latziehen	11								
		Armauf- und -abheben	12								

Pro Muskelbereich sind 2 Übungen aufgeführt, die abwechselnd zu trainieren sind.
1. Einheit: Bankdrücken, Armauf- und -abheben, Beinstrecken, Beinhochziehen, Sit-ups, Hüftheben

2. Einheit: Trizepsdrücken, Bankziehen, Fußstrecken, Hüftstrecken, Rumpfdreh-Sit-ups, Hüftheben

Die Einführung des Schlittschuhschritts macht zum Anheben der Fuß- bzw. Skispitze oftmals ein Training der Schienbeinmuskeln erforderlich. Sollte dies der Fall sein, empfiehlt sich Übung 5, Seite 88.

Programm zum Kombinations- und intramuskulären Koordinationstraining für Skilangläufer (9. bis 13. Woche, mit Gewichten), (9. + 10. Woche Kombinationstraining, 11. bis 13. Woche intramuskuläres Training)

Aktion	Muskelbereich	Übung	Bild-Nr.	Trainingswoche				
				9.	10.	11.	12.	13.
Alle Laufformen Schwungformen	Beine	Kniebeugen (hinten)	13	8–7–6–5–4 60–80% (5)		4 80% 5	3 85% 5–6	2 90% 6
		Beinseitspreizen u. -schließen	14	12–12–10–10–8 40–60% (5)		7 65% 5	6 70% 5–6	5 75% 6
	Beine	Beinrückheben	3					
	Hüfte	Beinhochziehen	4					
Rumpfstabilisierung u. Unterstützung der Beinstreckung u. des Stockeinsatzes	Bauch	Sit-ups	15					
	Hüfte	Beinheben	16					
	Rücken	Rumpfaufrichten	7					
		Rumpfschwünge	17					
Stockeinsatz	Schultergürtel u. Arme	Bankdrücken	9	8–7–6–5–4 60–80% (5)		4 80% 5	3 85% 5–6	2 90% 6
		Bankziehen	11					

Pro Muskelbereich sind 2 Übungen aufgeführt, die abwechselnd zu trainieren sind.
Beispiele s. 1. Programm.

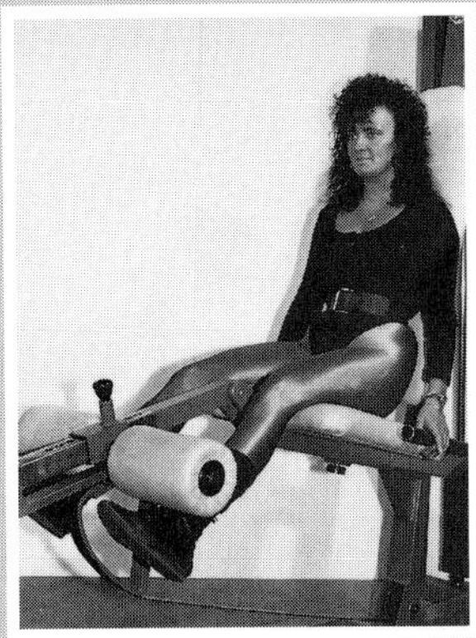

1a

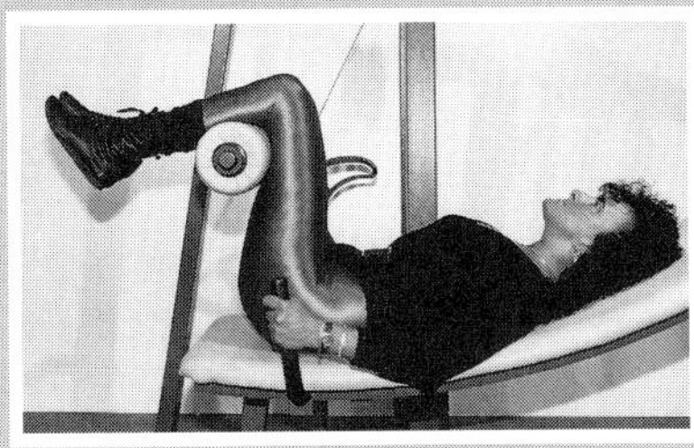

3

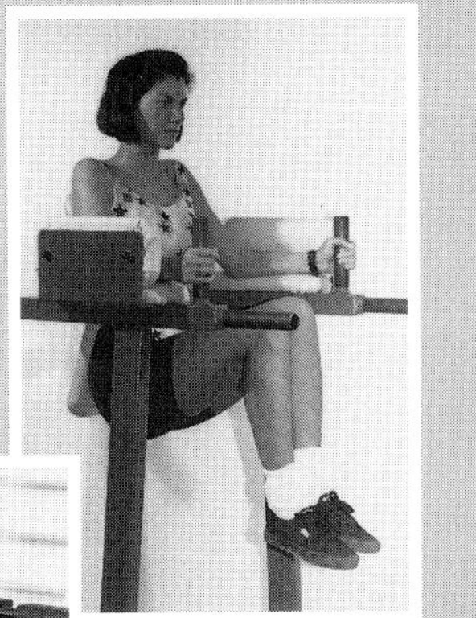

4

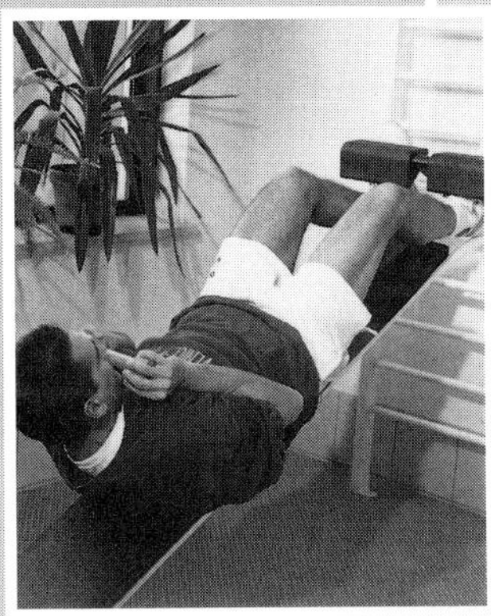

5

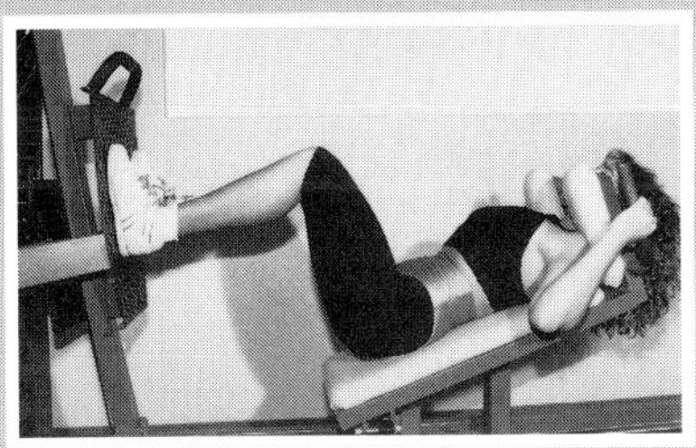

1b

2a

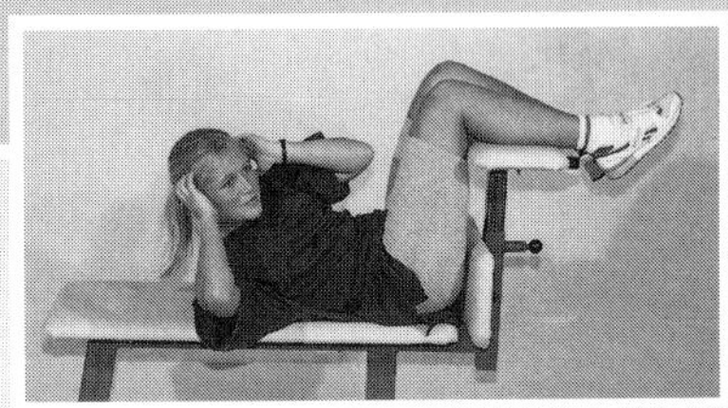

6

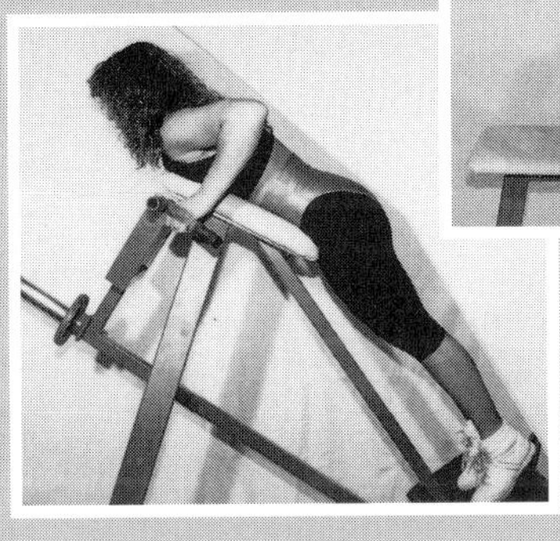

7

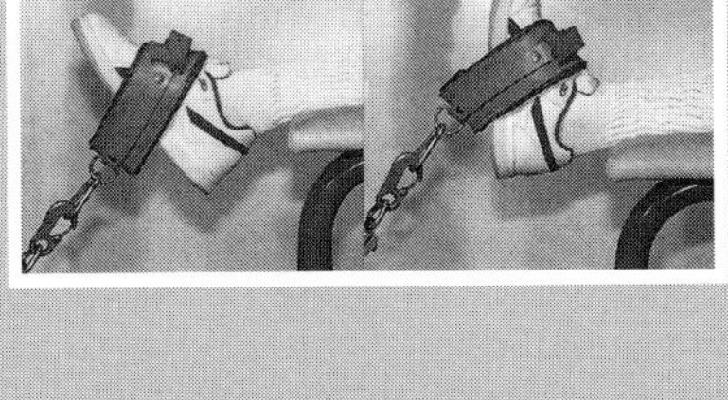

2b

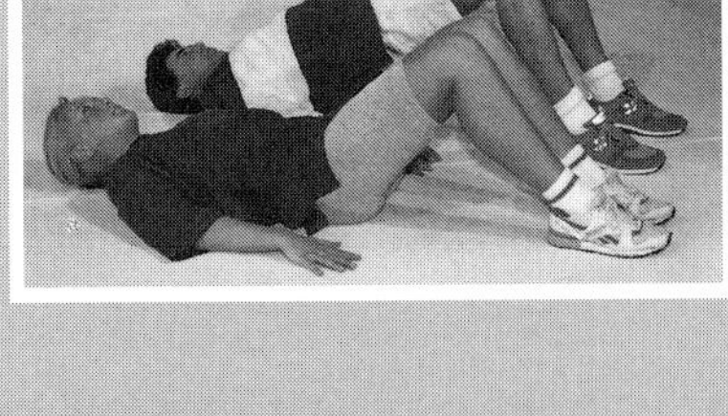

8

9

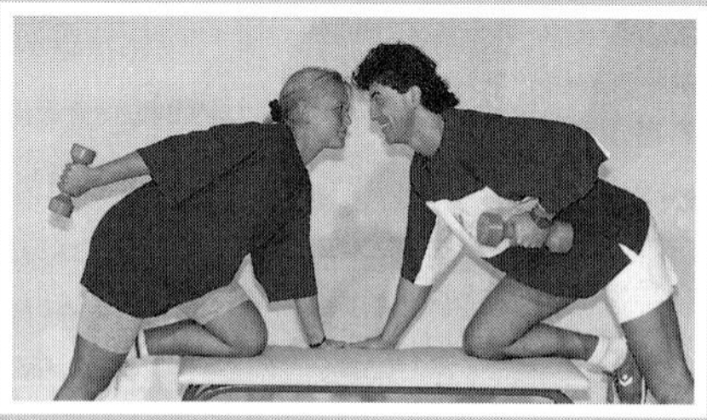
10

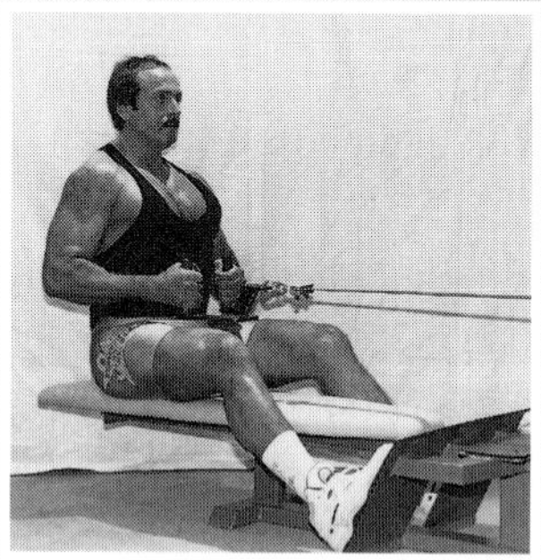
11

12

13

14a

14b

15

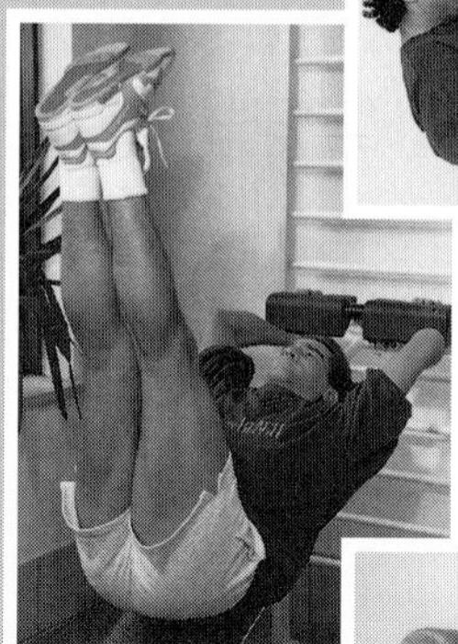
16

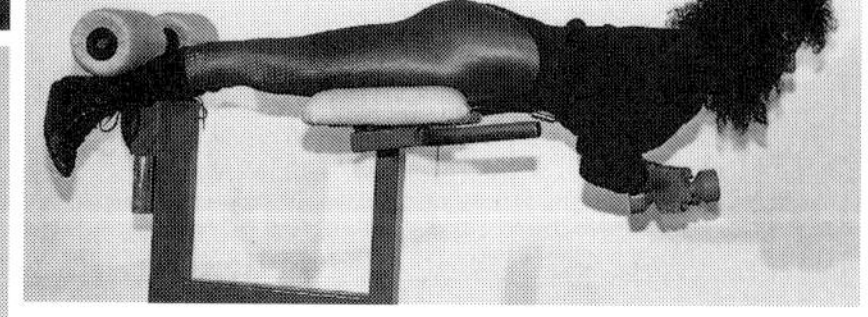
17

Prinzipien des Bodybuildings

Das Training und die Maßnahmen des Bodybuildings sind auf 2 Zielbereiche ausgerichtet, die sich in folgenden Phasen widerspiegeln:
1. in der Phase des Bodybuilding-Basis- bzw. Bodybuilding-Fitneßtrainings und
2. in der Phase des Bodybuilding-Hochleistungstrainings.

Zum Bodybuilding-Basistraining

Zielstellung und Charakterisierung

Mit dem Bodybuilding-Basistraining verstehen wir die Stufe des Anfängers und Neueinsteigers; sie erstreckt sich über ca. 4 bis 5 Jahre.
Ziele dieser Phase sind:
- Verbesserung der *allgemeinen Fitneß;* insbesondere hierbei
- Verbesserung (bzw. Erhaltung) der *Kraft* und
- Herausbildung entsprechender *Körperproportionen,* d. h. harmonische und »gut aussehende« Verhältnisse zwischen bestimmten Muskeln, Muskelgruppen und Körperteilen.

Diese Zielvorstellungen decken sich im Grunde mit denen eines allgemeinen Fitneßkrafttrainings. So sind bei näherer Betrachtung dieser beiden Richtungen auch die gleichen Trainingsarten, -methoden, -übungen und -mittel anzutreffen.
Dennoch ist das Fitneßbodybuilding in der Effektivität meist wirkungsvoller, da es in der Regel in kommerziellen Sportstudios bzw. Sportschulen, Fitneßkrafttraining vorwiegend aber zu Hause durchgeführt wird. Sportstudios bzw. Sportschulen bieten mit ihren Trainingsgeräten und Krafttrainingsmaschinen, die eigens für die Herausbildung bestimmter Muskelgruppen oder Muskeln konzipiert sind, die effektiveren Trainingsmittel. Außerdem führt ein Gemeinschaftstraining oft auch zu einer höheren Motivation, in diesem Fall einen stärkeren Anreiz zum Training, als es beim Solotraining zu Hause der Fall ist. Diese Bedingungen sprechen aber nicht gegen ein Fitneßkrafttraining. Wer entsprechend selbstmotiviert ist sowie mit einem Kurzhantelsatz und einer Drückerbank über die notwendigsten Trainingsgeräte verfügt, kann zu Hause den gleichen Trainingseffekt erzielen wie in einem Sportstudio.

Trainingsdurchführung

Die Realisierung der Zielstellung des Bodybuildingsports, nämlich eine optimale Entwicklung von harmonischen Körperproportionen und der gesamten Körperskelettmuskulatur in ausgewogener, plastischer

Form zu erreichen, erfolgt im Anfängerstadium weltweit auf die gleiche Weise:

Das 1. Jahr

- Wir unterteilen das erste Trainingsjahr in 3 gleiche periodische Abschnitte mit unterschiedlicher Belastungsverteilung (vgl. Abb. S. 121).
- Zunächst beginnt jede Periode mit einer ca. 3wöchigen *allgemeinen Ausdauer- und Beweglichkeitsschulung* (Flexibilität).
- Anschließend wird ein ca. 10 wöchiges *Muskelaufbautraining* (2- bis 3mal pro Woche) für die Hauptmuskelgruppen durchgeführt.
- Der 3. Zeitabschnitt ist jeweils ein 4 wöchiges intramuskuläres Koordinationstraining, wobei der Muskelaufbau auch weiter trainiert wird.

Übungen:
8 bis 10 mehrgelenkige Elementarübungen wie Bankdrücken, Nackendrücken, Power-Press, Trizeps- und Bizepscurl, Überzüge, Latziehen, Klimmzüge, Sit-ups und Hantelkniebeuge (vgl. die Bilddarstellungen S. 65 bis 118).
Hierbei sind pro Übung 3 bis 6 Sätze mit 12 bis 8 Wiederholungen im langsamen Tempo durchzuführen.
Die Pause zwischen den Sätzen soll 2 bis 3 Minuten betragen.
Das Gewicht ist so zu wählen, daß im letzten Satz einer Übung noch 8 Wiederholungen möglich sind. Sind es weniger, ist das gewählte Gewicht zu hoch und zu reduzieren. Sind mehr als 12 Wiederholungen durchführbar, ist das gewählte Gewicht zu niedrig und zu erhöhen. Der Aufbau bzw. die Hypertrophie der Muskulatur ist primär Folge einer langen Reizdauer, die durch Übungen mit hohen Wiederholungszahlen und entsprechender Intensität zustande kommt.
Die Intensitäten bewegen sich zwischen 50 % und 60 % der jeweiligen Übungsbestleistungen.
Wenn wir vorstehende Ausführungen mit denen von S. 28 f. vergleichen, ist festzustellen, daß kein Unterschied bezüglich der Methodik des Muskelaufbautrainings beim Bodybuilding und des Muskelaufbautrainings als Grundart des Krafttrainings besteht.

- Während dieser Muskelaufbauphase wird 1- bis 2mal pro Woche ein allgemeines Ausdauer- und Beweglichkeitstraining weitergeführt. Warum?

Als Begründung können vorwiegend 2 Punkte angegeben werden:

1. Eine Muskulatur, deren Querschnitt vergrößert werden soll, gewinnt durch die Fähigkeit der adäquaten aeroben Energiebereitstellung günstige Voraussetzungen zur Anpassung. Denn die zusätzliche Verbesserung der Ausdauerfähigkeit wird in den auf Kraftgewinn ausgerichteten

Jahresperiodisierung im Basistraining des Bodybuildings

Periode 1			Periode 2			Periode 3		
AA	Muskelaufbau (MA)	IK	AA	MA	IK	AA	MA	IK
FL			FL			FL		
3–4×	1–2 × AA/FL 2–3 × MA	1–2 × MA 2–3× IK	3–4 × davon 1–2 × MA	1–2 × AA/FL 3–4 × MA	1–2 × MA 2–3× IK	4–5 × davon 2 × MA	1–2 × AA/FL 4–5 × MA	2 ×MA 3 × IK
	Trainingsübungen s. z. B. S. 65–118 Satzzahl 3–4			Satzzahl 5–6			Satzzahl 3–5	

2 4 6 8 10 12 14 16 18 20 22 24 26 28 30 32 34 36 38 40 42 44 46 48 50 52

Wochen

AA = Aerobe Ausdauer
FL = Flexibilität
IK = Intramuskuläre Koordination

Trainingseinheiten dazu führen, daß aufgrund schnellerer Erholung die Pausen kürzer gestaltet werden können, so daß unter Umständen eine Erhöhung der Reizdichte die Trainingsanpassung beschleunigt.

2. Jede Bewegung bewirkt einen Druck auf ein oder mehrere Gelenke des Körpers. Bei zusätzlichen Belastungen, wie es beim Bodybuilding oder Krafttraining der Fall ist, erhöht sich der Druck je nach den Hebelverhältnissen überproportional zur Höhe der einwirkenden Last.

Druck in Zusammenhang mit Bewegung bewirkt nicht nur in der Technik, sondern auch im menschlichen Organismus Reibung mit einer unter Umständen entsprechenden Abnutzung von Substanz. In unserem Fall handelt es sich hierbei um Knorpel. Krankhafte Abnutzungserscheinungen des Knorpels mit Folgen wie unregelmäßiger Gelenkspalt oder Randwulstbildung werden in der Medizin als Arthrose bezeichnet. Zur Verminderung von Reibung in den Gelenken und den daraus resultierenden Abnutzungserscheinungen bedient sich auch der menschliche Organismus eines »Schmiermittels«, der sog. Synovialflüssigkeit. Diese Flüssigkeit dient auch der Ernährung des Gelenkknorpels. Gleichmäßige Bewegungen in einem Gelenk mit einem Wechsel von Belastung und Entlastung sind die Voraussetzung für die Synovialbildung, wobei die Flüssigkeit auch bei Druckzunahme und -abnahme im Gelenk in den Gelenkknorpel »einmassiert« wird. Da beim Bodybuilding und Krafttraining, bedingt durch die hohen äußeren Belastungen, große Druckbelastungen und Reibungskräfte auftreten bzw. keine Dauerbewegungen stattfinden, empfiehlt es sich, zur besseren Versorgung der Gelenke quasi als Erholungstraining regelmäßig Dauerbewegungen wie Radfahren oder Laufen zu betreiben.

- Nach insgesamt 12 bis 14 Wochen endet die 1. Periode mit einem 3- bis 4wöchigen *intramuskulären Koordinationstraining,* um damit die Maximalkraft auf ein höheres Niveau zu bringen (vgl. S. 23). Dieses erhöhte Maximalkraftniveau bewirkt gleichzeitig eine verbesserte Kraftausdauer, so daß im nächsten Periodisierungsabschnitt mit mehr Trainingseinheiten und gesteigerten Satzzahlen trainiert werden kann.
- Die 2. Periode – ebenfalls ca. 17 Wochen – beinhaltet die gleiche Abfolge, jedoch mit erhöhter Trainingshäufigkeit.
- In der 3. Periode (also nach ca. 8 Monaten) wird die Trainingshäufigkeit nochmals erhöht (4- bis 5mal Muskelaufbau und 1- bis 2mal Audauer/Beweglichkeit) sowie die Satzzahl auf 3 bis 5 reduziert, um zusätzliche Kurzhantelübungen wie Trizeps- oder Bizepscurl in das Programm aufzunehmen. Die Pause zwischen den Sätzen soll jetzt nicht länger als 1 Minute betragen. Diese Maßnahme ist erforderlich, um die Muskulatur auf das nach etwa einem Trainingsjahr folgende Einzelmuskeltraining vorzubereiten, das für die Herausbildung der erwähnten Körperproportionen notwendig ist.

Das 2. bis 4./5. Jahr

Die Folgejahre werden nach dem gleichen Periodisierungsschema eingeteilt.

Je nach persönlicher Leistungsentwicklung kann folgendermaßen trainiert werden:

- Entweder nach dem gleichen Belastungsschema wie im 1. Jahr; jedoch werden hierbei die Gewichtsbelastungen stets dem momentanen Leistungszustand angepaßt (z. B. sind jetzt 50 % Intensität absolut gesehen mehr an Gewicht als im 1. Jahr, relativ gesehen jedoch gleich).
- Oder es wird statt zwischen 50 und 60 % (bei 12 bis 8 Wieder-

holungen) nunmehr die Intensität allmählich auf 60 bis 80% für den Muskelaufbau erhöht. Hierbei verringern sich automatisch die Wiederholungszahlen auf 10 bis 6.

- Eine andere bzw. weitere Steigerungsmöglichkeit wäre die Verkürzung der Pausen zwischen den Sätzen auf ca. 1 Minute.
- Mit den im Hochleistungs-Bodybuilding angewendeten methodischen Maßnahmen (Trainingsformen) wie »Supersätze«, »Cheatings« u. a. (vgl. S. 125 bis 126) sollte in der gesamten Aufbauphase aus Gründen einer gut fundierten, langfristigen Anpassungsentwicklung noch nicht gearbeitet werden.
- Kurzfristige Maßnahmen der Wettkampfvorbereitungen – in der Basisphase können selbstverständlich bereits erste Bodybuilding-Konkurrenzen besucht werden – zur Herausbildung der »Definition« und zum »Posing« können natürlich in das Periodisierungsschema eingebracht und durchgeführt werden.

Zum Bodybuilding-Hochleistungstraining

Zielstellung und Charakterisierung

Nach einem entsprechend gut aufgebauten Basistraining von ca. 4 bis 5 Jahren kann mit dem spezifischen Bodybuilding-Training begonnen werden.
Unter der Zielsetzung einer höchstmöglichen Muskelfaserquerschnittvergrößerung gilt es nun, im Training den Muskel maximal auszulasten. Das bedeutet, daß der Muskel jeweils in einen Erschöpfungszustand gebracht werden muß, der weit über den Punkt einer normalen Ermüdung hinausgeht. Hierbei werden Praktiken angewendet, die mit den Begriffen »brutal«, »heavy duty«, »Intensitätstraining« u. a. bezeichnet werden. Während im Fitneßbodybuilding in der Regel nur das Erreichen bestimmter Körperproportionen angestrebt wird, kommen beim Hochleistungsbodybuilding in *»Definition«* und *»Posing«* zwei weitere beachtenswerte Komponenten hinzu, ohne die heute kein Bodybuilder mehr eine bedeutende Konkurrenz gewinnen kann, selbst wenn er über hervorragende Körperproportionen und außergewöhnliche Muskelmasse verfügt.
Unter »Definition« versteht man die plastisch-reliefartige Wirkung der Muskulatur und unter »Posing« die

Fähigkeit, seinen Körper bzw. bestimmte Muskelgruppen in entsprechenden Posen zur Geltung zu bringen.
Die *»Muskeldefinition«* wird durch Abbau von Unterhautfettgewebe mittels fett- und kohlenhydratarmer Ernährung und dem gleichzeitigen Durchführen von Sportarten, die einen hohen Kalorienverbrauch mit sich bringen, erreicht. Solche Sportarten sind Laufen und Radfahren, wobei letzterer der Vorzug gegeben wird.
Begründung: Bei der Durchführung von Kraftübungen mit hohen Widerständen finden enorme Gelenkbeanspruchungen mit unter Umständen hohem Knorpelverschleiß statt. Zusätzliche Beanspruchung der Gelenke durch ruckartige Abstoß- und Bremsbewegungen beim Laufen, im Gegensatz zu gleichmäßigen, fließenden Bewegungen beim Radfahren, können diesen Prozeß beschleunigen. Des weiteren wirkt beim Laufen noch zusätzlich die Last des Körpers auf Hüft- und Kniegelenke, wohingegen beim Radfahren durch das Sitzen im Sattel das Körpergewicht keine zusätzliche Gelenkbelastung bewirkt. Aber auch ohne die Zielstellung »Definition« ist es beim Bodybuilding oder Krafttraining angebracht, in regelmäßigen Abständen, etwa 1 mal pro Woche radzufahren oder zu laufen (vgl. S. 120 bis 122).
Zum *»Posing«* ist zu bemerken, daß es zur Perfektion ständigen Übens bedarf, wobei außerdem anlagebedingte Fähigkeiten zu Bewegungsrhythmus und Selbstdarstellung vorausgesetzt werden müssen.

Trainingsdurchführung

Das Hochleistungsbodybuilding als eigenständige Sportart erfordert zur optimalen Zielerreichung nahezu in jedem Training eine vollständige Muskelerschöpfung. Hierin unterscheidet sich Bodybuilding am stärksten von allen anderen Sportarten, bei denen das Krafttraining nur *eine* Trainingsmaßnahme unter anderen zur Leistungssteigerung ist. Da die Methode der maximalen Muskelerschöpfung zur Anpassung und Wiederherstellung Erholungszeiten von 36 und mehr Stunden benötigt, ist sie im normalen Krafttraining nicht durchführbar, da sie die höher zu bewertenden sportartspezifischen Trainingsmaßnahmen negativ beeinflußt. So würde eine Einheit Krafttraining am Morgen bis zur völligen Muskelerschöpfung z. B. einem Sprinter ein spezifisches Sprinttraining am selben Tage verbieten, da aufgrund der erschöpften und übersäuerten Muskulatur schon das Risiko einer Verletzung viel zu groß ist.
Gemeinsam ist den Methoden zur erhöhten Muskelfaserquerschnittvergrößerung, daß vorwiegend 8 bis 10 Wiederholungen mit hohen bzw. 5 bis 8 mit sehr hohen Intensitäten absolviert werden. Ein Mus-

kel bzw. eine Muskelgruppe wird hierbei mit 2 bis 3 Übungen und 15 bis 20 Sätzen (in Extremfällen sogar bis zu 40 Sätzen) trainiert. Die wichtigsten methodischen Maßnahmen des »Erschöpfungstrainings« im Bodybuilding sind:

Super-Serien
(super sets)
Hierbei werden 2 bis 3 Sätze (Serien) ohne Pause und mit wechselnden Übungen (z. B. Kniebeugen und Leg-press-Maschine) entweder für dieselbe Muskelgruppe oder für Agonist und Antagonist (z. B. Bizeps und Trizeps) trainiert.
Variation: 1. Serie bis zur Erschöpfung (z. B. 6 Wiederholungen), Pause von 30 Sek., anschließend 2. Serie mit so vielen Wiederholungen wie möglich.
Pro Trainingseinheit werden 3 bis 4 solche Superserien mit jeweils ca. 3minütigen Pausen durchgeführt.

Erzwungene Wiederholungen
(forced reps)
Auf 5 bis 6 konzentrische, gerade noch zu schaffende Wiederholungen werden weitere 2 bis 3 mit Partnerhilfe absolviert.

Negative Wiederholungen
(negative reps)
Auf 5 bis 6 konzentrische Wiederholungen folgen noch 2 bis 3 exzentrische, die gerade noch bewältigt werden (eventuell auch hier mit Partnerhilfe).
Variation: Zusatzlast von ca. 10 bis 20 % bei den exzentrischen Ausführungen.

Heavy duty programm
Dies ist eine Kombination aus »forced« und »negative reps«.
Beispiel: 6 konzentrische Wiederholungen bis zur Erschöpfung, gleich anschließend 2 »unterstützende« konzentrische und dann noch 2 bis 3 »unterstützende« exzentrische (mit oder ohne Partnerhilfe).

Wiederholungen nicht-maximal
(burns)
Auf 5 bis 6 konzentrische erschöpfende Wiederholungen folgen dann 3 bis 4 Ausführungen in Winkelstellungen, bei denen das Gewicht gerade noch bewegt werden kann (submaximaler Bereich), um von hier aus in Positionen zu gelangen, die keine Bewegung mehr zulassen.

Mogelnde Wiederholungen
(cheatings)
Nach 5 bis 6 erschöpfenden Wiederholungen werden weitere 3 bis 4 angeschlossen, bei denen andere Muskelgruppen mit eingeschaltet oder erleichternde Körperstellungen ausgenutzt werden.

Wiederholungen nach Vor-Ermüdung
(pre exhaustion principle)
Hierbei sind 2 bis 3 Muskelgruppen in die Übungen eingeschlossen, wo-

bei ein Muskel die Hauptarbeit leistet. Beispiel Brustmuskel: zuerst Butterflys ohne Pause, anschließend Bankdrücken.

Hinsichtlich der **Verteilung der Belastung** wird meistens nach den Split- oder Doppelsplitsystemen trainiert (s. Beispiel unten). Damit ist gewährleistet, daß täglich neue Muskelgruppen bis zur Erschöpfung trainiert werden können, während andere ca. 36 Stunden und mehr regenerieren können.
Offensichtlich wird hierbei der sich einstellende Superkompensationseffekt (vgl. S. 26) günstig ausgenutzt. Bezüglich der *Periodisierung* schlagen wir einen 3- oder 2phasigen Jahrestrainingsaufbau vor mit jeweils 2- bis 3wöchigen Übergangsphasen.

Die Belastungsverteilung innerhalb der Phasen sollte so gestaltet sein, daß nach jeweils 4 bis 6 Wochen des verstärkten Muskelquerschnitt-Trainings einige Tage mit reinem IK-Training absolviert werden (vgl. Abb. S. 121).

Wochentraining im Bodybuilding nach dem Doppelsplitsystem

	MO MI FR SO
morgens abends	Brust (6 Übungen), Rücken (5) (Ruhe) Oberschenkel (4), Waden (2), Taille/Bauch (3)
	DI DO SA
morgens abends	Schultern (3), Trizeps (5), Bizeps (3) Unterarme (2), Waden (2), Taille/Bauch (3)

Literatur

AFTING, E.-G.: Biochemie der Bewegung: Das Actomyosin-System. In: Biologie in unserer Zeit 11 (1981) 7–14.

BÜHRLE, M. (Hrsg.): Grundlagen des Maximal- und Schnellkrafttrainings. Schorndorf 1985.

DE MAREES, H.: Sportphysiologie. Köln-Mühlheim 1979.

EHLENZ/GROSSER/ZIMMERMANN: Krafttraining. München 1991.

GROSSER/MÜLLER: Power Stretch – Das neue Muskeltraining. München 1993.

GROSSER/STARISCHKA/ZIMMERMANN/ZINTL: Konditionstraining. München 1993.

HOLLMANN/HETTINGER: Sportmedizin. Stuttgart-New York 1980.

SCHMIDTBLEICHER, D.: Maximalkraft und Bewegungsschnelligkeit. Bad Homburg 1980.

SCHWARZENEGGER, A.: Bodybuilding für Männer. München 1983.